로빈 니블렛의

신냉전

THE NEW COLD WAR

: HOW THE CONTEST BETWEEN THE US AND CHINA WILL SHAPE OUR CENTURY

힘의 대이동, 미국이 전부는 아니다

THE NEW
COLD WAR

로빈 니블렛의

신냉전

로빈 니블렛 지음 조민호 옮김

매일경제신문사

"미국과 중국의 경쟁은 글로벌 맥락에서 가장 시급한 문제다. 로빈 니블렛은 이 책은 정확히 이 부분에 초점을 맞추고 있다. 오늘날 양국의 지정학적 경쟁이 어떻게 국제 외교를 뒤엎고 다자 간 체계를 재편하고 있는지 명쾌하게 설명하면서, 지속 가능한 세계를 위한 해법까지 제시하고 있다. 국제 정세에 관심 있는 시민뿐 아니라 정책 입안자들에게도 큰 깨달음을 주는 책이다."

_**힐러리 클린턴**(Hillary Clinton) | 전 미국 국무부 장관

"영국을 대표하는 전략 사상가의 현대 세계 지정학에 관한 중요하고도 명확한 설명이다. 지금 반드시 읽어야 할 책이다."

_**피터 프랭코판**(Peter Frankopan) | 《기후변화 세계사》 저자

"우리 시대 가장 거대한 지정학적 도전인 중국과 자유민주주의 국가 사이의 갈등을 이해하려면 이 책을 읽어야 한다. 꼭 필요한 정보마다 놀라운 통찰력을 간결하게 가득 담아냈다."

_**로렌스 프리드먼**(Lawrence Freedman) | 《전략의 역사》 저자

"시의적절하게 나온 이 책에서 로빈 니블렛은 미국과 중국 사이 변화하는 힘의 균형이 국제 정세를 어떻게 재정의하고 있는지 보여준다. 지금 우리 세계가 어떤 상황인지 알려면 이 책을 읽어야 한다."

_**아란차 곤잘레스 라야**(Arancha González Laya) | 파리 국제관계대학원 학장

"급변하는 세계의 지정학적 지형을 통찰력 있고 냉철하게 분석한 책이다. 주요 당사국들이 직면한 도전 과제는 물론 신냉전이 파국으로 치닫지 않도록 막을 수 있는 대안까지 제시한다."

_**이저벨 힐턴**(Isabel Hilton) | 저널리스트, 차이나다이얼로그(China Dialogue) 설립자

"극심한 지정학적 경쟁이 지난 30년 동안의 진전을 되돌리려고 하는 이 시기에 무척 반가운 책이 나왔다. 오늘날 세계적 불안 요인을 누구라도 이해할 수 있게 설명하고, 민주주의 국가들이 공동의 목적의식으로 뭉칠 수 있는 희망을 제시한다."

_**존 메이저**(John Major) | 전 영국 총리

"격동하는 국제 정세를 설명하는 데 로빈 니블렛만큼 경험이 풍부하고 정보에 정통한 인물은 없다. 빈틈없고 상세한 분석과 더불어 자유민주주의 진영이 어떻게 다시 전면으로 나설 수 있는지 구체적으로 제시함으로써 미래를 낙관적으로 그릴 수 있게 해준다. 세상의 이정표가 어디로 향하는지 궁금한 모든 사람에게 흥미진진한 독서 경험을 선사할 것이다."

_래너 미터(Rana Mitter) | 《중일전쟁》 저자

"로빈 니블렛은 그가 채텀하우스에서 증명한 그대로 영국의 가장 뛰어난 외교 정책 입안자다. 그의 주장대로 미중 패권 경쟁은 피할 수 없는 현실이다. 그리고 역사는 두 강대국의 관계를 관리하라는 교훈은 주지만, 그들의 운명을 규정하지는 않는다. 온전히 우리의 몫이다."

_케빈 러드(Kevin Rudd) | 전 호주 총리, 《피할 수 있는 전쟁》 저자

피할 수 없는 위기

미국과 중국 사이의 '신냉전(New Cold War)'은 피할 수 없던 결과입니다. 아시아-태평양 지역의 패권을 두고 세계에서 가장 강력한 두 나라 간 경쟁이 맹렬해졌습니다. 중국의 지도자들은 미국이 이 지역에서 지배력을 유지하려는 행태를 못마땅하게 여길뿐더러 분개하고 있습니다. 미국이 자국의 이웃 국가인 한국과 일본과 안보 동맹을 맺는 것도 싫고, 중국공산당 통치에 불복하는 대만을 민주주의 전초기지로 삼아 계속해서 지원하는 꼴도 보기 싫어합니다. 중국은 필리핀과 방위 협정을 맺어 역내에 군사 기지를 배치한 미국이 본격적으로 자국을 억압하고 경제적 안녕과 번영에 필수적인 나머지 세계로의 해상 무역로를 봉쇄했다고 여깁니다.

그러나 신냉전이 촉발한 데는 두 가지 직접적인 다른 이유가 더 있습니다. 첫 번째는 트럼프에 이어 바이든 행정부가 그동안 중국의 경제 현대화와 더불어 군사 기술 역량도 빠르게 성장시킨 미국의 첨단 기술에 중국이 더는 접근하지 못하도록 한 결정이었습니다. 두 번째는 2022년 2월 러시아 블라디미르 푸틴 대통령이 우크라이나를 전면 침공해 무력으로 국경을 변경하기로 한 결정이었습니다. 이때 미국과의 아시아-태평양 패권 경쟁을 포기할 수 없던 중국공산당 지도부는 러시아의 패전 위험을 관망하거나 감수하기보다 오히려 푸틴을 지지했습니다. 이 선택으로 중국은 우크라이나 무력 침공이 방어전이라는 러시아의 주장을 몸소 뒷받침한 셈이 됐고, 전투 드론용 마이크로 전자 부품, 포탄 제조용 희토류, 방위 산업에 필요한 공작기계 등을 공급함으로써 미국은 물론 대부분 유럽 국가들의 눈에도 러시아의 불법 침략 전쟁을 부추기는 조력자로 보이게 됐습니다.

이는 영락없이 '나토(NATO/북대서양조약기구)'가 새로운 명분과 목적을 부여하는 계기로 작용했습니다. 이제 나토는 공식적으로 중국을 회원국들의 안보를 위협하는 적대국으로 묘사합니다. 이와 동시에 러시아가 중국의 자체적 군사 현대화를 지원하고 동중국해와 대만 인근에서의 합동 군사 훈련에 더 자주 참여하게 되자, 이전에는 크게 관심을 기울이지 않았던 한국과 일본을 비롯한 미국의 아시아-태평양 동맹 관계 중요성에 대해서도 확실히 주목하게 됐습니다. 결과적으로 신냉전은 '글로벌 노스(Global North)' 모든 국가로 퍼져 나갔고, 필연적으로 전 세계 지정학적·지경학적 환경에 큰 영향을 미치고 있습니다.

한국이 받을 영향과 선택지

유럽과 아시아의 미국 동맹국들에 주어진 가장 중요한 과제는 한마디로 "국가 안보를 의지하고 있는 미국과 경제 성장을 의지하고 있는 중국 사이의 신냉전 국면에서 어떤 태도와 전략을 취해야 하는가?"입니다. 좀더 현실적이고 직설적으로 표현하면 "중국을 향한 미국의 통제와 억제에 어느 선까지 맞장구쳐줘야 하는가?"일 것입니다.

양국이 군사 현대화를 계속한다고는 하지만, 서로 핵무기를 보유한 이상 전면적 갈등으로까지 치달으면 너무 위험하기에 사실상 그렇게 될 가능성은 매우 낮다고 할 수 있습니다. 따라서 신냉전은 군사적 측면보다 경제적 측면에서의 경합이라고 보는 편이 현명한 시각입니다.

2022년 2월 러시아가 우크라이나를 침공한 이후 바이든 행정부는 동맹국과 함께 경제 안보를 더 잘 조율할 접근법을 모색하고자 노력해왔습니다. 그 과정에서 미국은 G7을 주요 무대로 활용해 러시아를 경제적으로 고립시켰습니다. 표적 제재에서부터 러시아 중앙은행 자산 동결과 투자 수익 루트 차단은 물론 G7의 전세계 해상 무역 장악력을 이용해 글로벌 시장에서 러시아 석유 가격을 통제하는 등 러시아에 징벌적 타격을 입히고자 모든 수단을 동원했습니다.

이 밖에도 G7을 중심으로 대중국 수출입 및 투자를 규제하고 민주주의 진영의 안보에 중요한 첨단 기술 개발과 생산을 '프렌드-쇼어링(friend-shoring)'이라는 이름 아래 동맹국 간 협력 체제로 전환함으로써 주요 자원의 중국 의존도를 대폭 낮추고 있습니다. 나아가 미국은 G7에 속하지 않은 두 주요 안보 동맹국인 한국과 호주도 비공식적으로 이 과정에 끌어들였습니다. 여러분도 알다시피 한국은 반도체와 배터리 기술을, 호주는 주요 광물을 G7+ 국가 그룹에 제공하고 있습니다.

불가피한 신냉전 국면에서 미국을 위시한 자유민주주의 진영의 위기를 감지한 한국과 호주 정부도 G7 국가들과 마찬가지로 러시아에 유사한 제재를 가했습니다. 두 국가 정상들도 2021년 이후 모든 G7 정상회의와 실무 그룹에 참여해왔고, 특히 2022년부터는 나토 정상회의에도 참석하고 있습니다.

그렇기에 어찌 보면 당연한 일이지만 한국은 미국과 G7에 동조함으로써 중국의 거센 반발을 받고 있습니다. 하지만 거대한 지정학적 분열 속에 민주주의 진영인 한국으로서는 이 같은 흐름에 적응하는 것 말고는 다른 선택이 없습니다. 첨단 기술 분야의 중국

의존도를 끊어내기 위해 미국은 앞으로도 줄기차게 중국을 압박하고 규제할 것입니다. 만약 2025년 1월에 트럼프 대통령이 백악관을 재탈환한다면 이 기조를 한층 강화할 것이며, 아마도 더 광범위한 관세 폭탄에 더해 다른 국가에서 생산된 중국산 제품에도 높은 관세를 부과해 고삐를 더욱 강하게 쥐려고 들 것입니다.

그래도 너무 염려할 필요는 없습니다. 아무리 그렇더라도 한국 정부가 첨단 기술 분야를 제외하고 중국과 무역 및 투자를 유지하는 것을 미국이 막을 일도 없고 막을 수도 없습니다. 게다가 (본문에서 더 자세히 살펴보겠지만) 이미 다른 나라들과 더불어 그렇게 하고 있듯이 한국도 미국과 주요 글로벌 기술 기업들이 중국 기반 생산 시설과 공급망 등을 다른 아시아 지역 국가로 분산시키고 있는 이른바 '차이나 플러스 원(China Plus One)' 전략의 수혜국 위치를 계속 누릴 수 있습니다. 요컨대 민감한 첨단 기술 분야 외에 다른 부문에서 한국이 중국과 좋은 경제적 관계를 맺지 말아야 할 까닭은 어디에도 없습니다. 한국 정부와 기업의 지혜로운 대처에 달렸을 뿐입니다.

한국 관점에서 정작 관리하기 더 어려워진 쪽은 러시아입니다. 중국보다 러시아와의 관계를 관리하는 것이 더 어려워졌습니다. 설령 우크라이나 전쟁이 끝나더라도 미국과 유럽의 러시아 제재가 가까운 미래에 해제될 가능성은 상당히 낮기에 한국이 우방국들을 저버리면서까지 러시아와 관계 회복을 도모하기란 무척 어려울 것입니다. 더욱이 현재 러시아는 우크라이나 전쟁을 이어가면서 북한에까지 의존하는 지경이므로, 훗날 북한을 지원할 가능성도 더 커졌습니다. 이런 상황에서 한국이 취할 수 있는 가장 좋은 선택은 중국과 제한적인 건설적 관계를 유지하는 것입니다. 중국 정부도 전 세계 다른 정부만큼이나 모스크바와 평양의 긴밀한 관계를 의심의 눈초리로 예의주시하고 있습니다.

미국과 중국 저마다의 섣부른 자기충족적 예언은 매우 위험하지만, 다행히 양국은 서로 전면적인 무력 충돌만큼은 반드시 피해야 한다는 공감대를 형성하고 있습니다. 두 나라 지도자들 모두 '열전(Hot War)'을 바라지는 않습니다. 동반 자살과 다름없기 때문입니다. 신냉전은 부인할 수 없는 현실이지만, 한국 정부가 강력한 국가 리더십을 발휘해 중국과 생산적인 경제적·정치적 관계를 유지하겠다고 주장한다고 해서 그것이 잘못이라고 비난할 국가는 없습니다. 미국조차 그렇게 하지 못합니다. 오히려 한국 정부의 그와 같은 확고한 기조가 미국과 다른 동맹국들의 평화 의지를 북돋는 지렛대 역할을 할 수 있습니다.

끝나지 않은 욕망의 시대

2023년 2월 1일, 〈빌링스가제트(Billings Gazette)〉 편집기자 체이스 도크(Chase Doak)는 무심코 몬태나 빌링스 상공의 맑고 푸른 하늘을 바라보다가 대낮의 별처럼 멈춰 있는 이상한 흰색 점을 발견했다. 사진기자 카메라의 망원 렌즈로 그는 그 물체가 별이 아니라 풍선이라는 사실을 알아챘다. 19세기 유물의 이 거대한 후예는 중국 인민해방군이 21세기 첨단 기술 탑재체와 스쿨버스 세 대 크기의 태양광 발전기를 장착한 '정찰 풍선'이었다. 비록 지상에 있는 사람들에게는 아무런 위해를 가하지 않는 항공 감시 및 신호 정보 수집 수단으로 밝혀졌지만, 그 영향력을 두고 논란을 불러일으키기에 충분했다.[1]

    그도 그럴 것이 대륙 간 탄도 미사일 기지가 있는 미국 중서부 상공을 뻔뻔스럽게 침범했다는 사실은 미국 의회의 화산 같은 분노를 촉발했다. 공화당은 바이든 행정부가 미국 영공을 방어하지 못했다고 맹공을 퍼부었다. 민주당은 풍선이 단순히 경로를 벗어났을 가능성을 고려하면서도 공산주의 경쟁국의 매우 적대적인 행위라며 비난했다. 2월 4일, 풍선이 사우스캐롤라이나 해안에 표류하자 바이든 대통령은 느린 속도로 움직이는 무방비 상태의 침입자를 비행 속도 마하 2.5에 타격 거리 280킬로미터 이상의 F-22 전투기로 격추하라고 명령했다. 이 잔혹한 힘의 불일치는 정찰 풍선 발각으로 인한 베이징의 당혹감을 덜어줬다. 중국공산당(中國共産黨/CCP) 대변지인 관영 일간지 〈환구시보(環球時報/Global Times)〉는 이를 빗대어 "대포로 모기를 쏘았다"라고 썼다.[2]

    '풍선 사건'은 미중 관계의 유독한 상황과 양국의 깊은 불안감을 동시에 드러냈다. 미국과 중국 정부는 오랫동안 서로 항공 감시를 해왔으나, 모습이 드러나지 않는 정지 궤도의 정찰위성 또는 양측의 데이터베이스 및 국가 안보 인프라에 대한 보이지 않는 디지털 침투가 대부분이었다. 중국의 이 풍선이 과거 미국과 아시아-태평양 동맹국들을 횡단한 열기구와는 맥락이 완전히 다르다는 사실이 밝혀지자 미국 시민들은 점점 깊어가는 경쟁 양상에 경각심을 갖게 됐다.

    아울러 이 사건은 양국 관계를 둘러싼 모호함을 깨우쳐주는 계기로도 작용했다. 추락한 풍선을 사우스캐롤라이나 머틀비치(Myrtle Beach) 앞바다에서 끌어올려 탑재체를 분해했더니 미국산 군민 양용 전자칩과 기타 부품이 들어 있었다. 풍선을 격추한 F-22를 해체하면 항공 전자 장치와 미사일 내부 부품에 중국산 집적회로가 포함돼 있고 희토류 원소 물질이 쓰였듯 말이다.[3] 별로 놀라운 일은 아니다. 중국이 2001년 WTO(세계무역기구)에 가입한 이래 미중 양국의 경제적 관계는 기하급수적으로 발전했다. 중국 기업들은 대량 생산한 값싼 일용품을 미국 소비자들에게 제공했고, 미국 기업들은 가치가 낮으면서도 필수적인 부품을 중국에 공급했다. 미국은 중국에 식량과 연료는 물론 아이폰, 컴퓨터, 첨단 반도체까지 넘겨줬다. 더욱이 양국은 기존 기업에서부터 스타트업에 이르기까지 서로의 경제에 흔쾌히 투자했다.

그러다가 10년이 지날 무렵 정치적 관계가 악화하기 시작했는데, 특히 2012년 더 독재적이고 대외적으로 더 독단적인 시진핑(習近平) 중국공산당 중앙위원회 총서기가 집권한 이후 한층 심해졌다. 이에 미국 워싱턴 DC 지도자들과 유럽 및 아시아-태평양 동맹국 수장들은 중국의 경제력 증대가 중국공산당이 자국 내 반대 여론이나 정치적 다원주의 가능성을 무력화할 커다란 권력으로 이어졌음을 깨달았다. 결과적으로 중국의 군사 기술 자급화 여정을 돕고, 중국이 대외적으로 이들 국가에 도전할 힘을 실어준 셈이었다. 아니나 다를까 2013년부터 대만 및 동남아시아 인근 영유권 분쟁 지역 상공과 해양을 순찰하는 미국과 중국 항공기 및 함선 사이에서 아슬아슬한 충돌 직전 상황이 점점 더 잦아지는 추세다. 자칫 한 번이라도 심각한 사태가 벌어진다면 수많은 인명 피해나 '풍선 사건'보다 훨씬 더 위험한 추락 사고를 초래할 수 있다.

지난 10년은 미국과 중국의 경제적 관계가 정치적 긴장과 분리될 수 있다는 생각에 장막이 벗겨지는 기간이었다. 과거 미국과 소련과의 관계와는 달리 미국과 중국은 함께 강해질 수 있으리라는 희망이 있었다. 미소 양국은 냉전이 시작된 지 4년 뒤인 1951년 처음 언급된 이른바 '안보 딜레마'에 빠져들었고, 자국의 안보를 강화하려는 행보가 각각 주변국들의 불안감을 자극해 반작용을 불러일으키면서 양쪽 세력 모두 전쟁을 향한 피할 수 없는 소용돌이에 휩싸였었다.[4] 미국과 중국에도 그와 비슷한 양상이 펼쳐지고 있다. 2023년 1월, 미 공군 공중기동사령부 사령관인 4성 장군 마이크 미니헌(Mike Minihan)은 미국과 중국이 2025년에 대만을 두고 '전투'를 개시할 것이라고 경고했는데, 여기서 주목할 만한 점은 최근 몇 년 동안 이런 경고를 한 미군 고위 인사가 그뿐만이 아니라는 것이다.[5]

정기적인 협상, 위기 소통 채널 구축, 군비 축소 및 투명성 합의 등을 통해 지난 냉전의 특징이었던 적대적이고 파괴적인 경쟁으로 추락하는 일만큼은 막을 수 있을 것이다. 하지만 문제는 이 두 나라가 결코 양립할 수 없는 데다 상호 적대적인 정치 체제를 사이에

둔 채 깊고 개방적인 글로벌 경쟁 구도를 취하고 있다는 사실이다.

채텀하우스(Chatham House, 전 세계 외교 및 안보 분야 최정상급 싱크탱크인 영국 왕립국제문제연구소의 별칭_옮긴이)를 이끌던 15년 동안 나는 정기적으로 중국을 방문해 국제 관계와 관련한 회의에서 여러 차례 연설했다. 그때마다 나는 지금의 강대국 패권 경쟁에 집착하는 중국 정부에 충격을 받곤 했다. 그들은 역사적 경험과 미국 국제 관계 이론가들의 저술을 토대로 미국과 중국이 경쟁할 수밖에 없는 핵심 원인을 이해한다고 믿고 있었다. 새로운 강대국이 부상하면 필연적으로 기존 강대국의 견제를 받을 수밖에 없다는 논리였다. 이는 2012년 미국 정치학자 그레이엄 앨리슨(Graham Allison)이 기원전 4세기 후반 제1차 펠로폰네소스 전쟁을 기술한 고대 아테네 역사가 투키디데스의 이름을 따서 '투키디데스 함정(Thucydides Trap)'이라고 표현한 개념과도 연결된다. 앨리슨은 미국을 스파르타와 동일시하고 중국을 투키디데스 시대의 아테네에 비유한다. 즉, 미국은 불가피한 충돌이 일어나더라도 어떻게든 중국의 부상을 저지하려고 한다는 것이다.[6]

중국 측 회의 참석자들은 중국이 미국을 대체하는 세계 패권 국가가 되기를 바라지 않는다는 사실을 보여주고, 미국은 중국의 부상을 아시아를 넘어 글로벌 차원에서 자신들과 동등한 위치에 선 것이라고 받아들이면 문제를 해결할 수 있다고 주장했다. 그래야 양국이 평화롭게 공존할 수 있고 20세기 전반의 세계대전이나 후반의 냉전이 되풀이되는 상황을 피할 수 있다는 것이었다.

이에 나는 그들이 핵심을 놓쳤다고 지적했다. 물론 신뢰 구축 노력과 경제 협력 및 경쟁을 위한 협상 원칙을 구성해나가면 양국 사이의 안보 딜레마를 어느 정도 늦일 수 있다. 그렇지만 우리는 양국의 갈등에 이데올로기적인 측면도 존재한다는 점을 인식할 필요가 있다. 이 이데올로기적 갈등은 매우 다른 두 정치 체제의 지도자들이 서로에 대해 갖는 두려움에서 기인한다. 중국공산당으로 대표되는 중국의 독재 체제는 국가 권력을 향한 그 어떤 내부 도전도 허용치 않으며, 미국이 옹호하는 자유민주주의 체제는 국가 권력의 견제와 균형을 중시하는 데다 개인의 권리가 그 중심에 있다. 요컨대 미국과 중국은 최상의 국내 통치 형태뿐 아니라 국제 질서를 바라보는 관점에서도 서로 다른 비전을 취하고 있다. 더욱이 두 나라 모두 자신들의 체제로 21세기를 지배하길 욕망한다.

양국이 현재 전 세계에 걸쳐 누구도 중재할 수 없는 경쟁을 벌이는 까닭이 바로 여기에 있다. 인정하고 싶지 않더라도 이것이 우리가 냉전의 산기슭에서 벗어나지 못하고 있는 이유다.[7] 이 신냉전의 화약고가 공산주의 거인 옆에 있는 민주주의 전초 기지 대만인 것도 이 때문이다. 미중 양국의 두 지도자가 전 세계, 특히 오늘날 '글로벌 사우스(Global South)'라고 불리는 지구 북반구와 남반구 저위도 개발도상국들을 동맹과 우방으로 끌어들이고자 그토록 열심인 이유도 여기에서 찾을 수 있다. 외교, 기술, 군사력, 정보, 대외

원조, 문화 그리고 결정적으로 무역과 투자 등 모든 국정 수단을 아우르는 각축전이 펼쳐지고 있다. 결국 서로 비등비등하고 양쪽 다 핵무장을 한 강대국들의 근본적인 경합에서는 경제 및 기술 패권을 쥐는 것이 관건이기에 양국 기업들은 좋든 싫든 최전선에 서게 될 것이다.

지금 우리는 신냉전이 언제 어떻게 끝날지 알 수 없는 초기 단계에 있다. 2022년 2월 24일, 블라디미르 푸틴(Vladimir Putin) 대통령의 성급한 결정으로 러시아가 우크라이나를 전면 침공하고, 시진핑 주석이 침공 직전 맺은 양국 우호 관계에 제한이 없다는 협약을 충실히 따르자, 뚜렷한 해결책이 없는 갈등 상황에서 중국과 러시아는 한몸이 됐다.[8] 이를 계기로 미국과 유럽 및 태평양 동맹국들은 반대 세력으로 결속했다. 2023년 3월, 미국과 호주 그리고 영국이 태평양을 합동 순찰하기 위해 차세대 원자력 잠수함을 비롯한 최첨단 군민 양용 기술을 개발하기로 합의한 내용은 몇 년이 아니라 몇십 년간의 이정표가 될 것이다.[9] 한편 시진핑 주석은 2049년을 중국이 국가 '부흥' 과정을 완성하고 미국의 '전방위 봉쇄, 포위, 억제' 정책에서 벗어날 목표 시점으로 설정했다.[10]

신냉전은 1990년까지 이어져 20세기 후반을 규정했던 소련과 서방 세력 사이의 냉전과는 같지 않을 것이다. 세계가 그때와 지리적 형상과 내부 역학에서 차이가 있으니 조금은 희망적인 미래를 그려볼 수 있다. 무엇보다도 지금까지 양측은 경제 통합의 길을 따라 먼 여정을 거쳐왔다. 예상치 못한 대격변이 일어나지 않는 한 양측 모두 완전히 돌아설 수는 없다. 그 대신 양측은 연결 고리를 끊지 않고자 노력하면서 신중히 신냉전에 들어섰으며, 서로 충분히 물러선 채 지난 20년 동안 모두가 누렸던 상호 이익 일부를 유지할 새로운 길을 모색하고 있다.

냉전과 신냉전의 주요 차이점을 이해하는 일은 우발적이든 의식적이든 전 세계가 파국으로 치닫는 사태를 피하기 위한 필수 전제 조건이다. 나는 이 책에서 다음과 같은 질문을 던질 것이다. 중국은 소련과 무엇이 다른가? 21세기의 미국과 20세기 후반의 미국은 어떻게 다른가? 글로벌 사우스 국가들의 우선순위는 무엇이고, 분열된 세계에서는 어떤 국제기구가 가장 효과적으로 작동하는가? 양측이 계속해서 공동의 글로벌 과제에 협력하고, 전 세계 자유민주주의 국가들이 지난번처럼 이번에도 성공적으로 자유를 수호할 '신냉전 전략'을 제대로 설계하려면 이 같은 질문에 답할 수 있어야 한다.

이 목표와 더불어 이 책은 신냉전 초기 단계의 위험을 관리하고 미중 관계의 완전한 붕괴를 막기 위한 다섯 가지 규칙도 제시할 것이다. 마침내 신냉전이 종식될 때, 지금보다 더 많은 국가와 국민이 민주적 통치 체제가 보장하는 자유를 받아들일 수 있도록 밑거름이 되기를 소망한다.

차례

제1장

중국은 소련이 아니다

제11장

신냉전 시대의 생존 규칙

제1장

중국은
소련이 아니다

★

　20세기 후반을 규정한 지정학적 경합과 최근까지 21세기 전반을 규정할 지정학적 경합의 주된 차이를 평가할 때는 오늘날 중국과 지난 냉전 시대 소련의 차이점을 이해하는 게 좋은 출발점이 될 수 있다. 과거 소련이 그랬듯이 현대 중국 역시 미국을 위시한 자유민주주의 국가 공동체들과 경쟁 구도를 형성하는 정부 형태와 국제적인 지배력을 갖추고 있다. 그런데 앞으로 살펴보겠지만 지금의 중국은 그 시절 소련보다 미국과 동맹국들에 구조적으로 더 막강한 위협이 되고 있다. 왜일까? 중국은 아직 성장 국력이 외교 정책에 힘을 실어주는 단계에 있는 데다 그 힘의 원천이 소련보다 더 광범위하고 다양하기 때문이다.

소비에트 권력의 한계

　1945년 이후 국제적 사안에서 소련의 위상이 높아진 까닭은 제2차 대전 후반 미국과 더불어 양대 승전국이 된 것과 깊은 관련이 있다. 대부분 지표에서 소련은 냉전 시기 첫 10년 동안 상대적 우위에 서 있었다. 1945년 12월에 소련은 유럽 중부 및 동부 전역을 손에 넣었고, 1948년에 이르러서는 이들 국가 정부 대부분이 모스크바의 통제를 받아 공산당 지배 체제를 구축했다. 1955년에는 소련이 주도하는 군사 동맹, 아마도 미국 주도의 '나토(NATO/북대서양조약기구)' 동맹으로부터 회원국들을 보호한다는 명분이 주효했으리라고 추정되는 '바르샤바조약기구(Warsaw Pact/Warsaw Treaty Organization)' 산하로 뭉쳤다. 이 바르샤바조약기구와 함께 그 이전인 1949년 수립된 경제협력체 '코메콘(COMECON/경제상호원조회의)'은 소련 서쪽에 거대한 지리적 완충 지대를 제공했는데, 이 지역은 과거 5세기 동안 수많은 침략과 위협이 발생했던 곳이었다. 그렇게 소련은 이 완충 지대 덕분에 고유의 인적·물적 자원을 능가하는 경제적·전략적 비중을 확보할 수 있었다.

유엔(UN/국제연합) 안전보장이사회 상임이사국이자 일찍이 핵무장을 한 국가의 역할도 소련의 안보와 국제적 지위를 강화했다. 석유, 천연가스, 석탄, 식량 등 자원을 자급자족할 수 있던 것도 미국이 유럽의 두 차례 대전에 휘말리기 전까지 그랬듯 독자적인 길을 걸어갈 역량을 더했다. 하지만 1986년 전 미국 국가안보보좌관 즈비그뉴 브레진스키(Zbigniew Brzezinski)의 말처럼 소련은 "강철 손을 가진 거인 같아도 내부가 썩어서, 약한 상대는 아직 제압할 수 있으나 부정부패가 확산해 체제를 갉아먹고" 있었다.[1] 소련의 중앙계획 경제는 미국과 유럽의 기술 혁신과 생산성 향상에 필적하지 못했다.

1973년~1990년 소련의 1인당 GDP(국내총생산)는 약 6,000달러에서 1만 달러 언저리로 올랐지만, 같은 기간 미국은 1만 6,600달러에서 2만 3,300달러로 증가했다. 심지어 소련은 이 시기 인구가 1990년 기준 미국의 2억 5,000만 명 대비 2억 9,000만 명으로 16% 더 많았는데도 1인당 GDP 성장률은 미국의 35% 수준에 머물렀다.[2] 기술 발전이 더 역동적으로 이뤄지고 있는 미국에 맞서 경쟁 지위를 유지하고자 소련 정부는 경제 모델의 변화 필요성을 인식했다. 그러나 미하일 고르바초프(Mikhail Gorbachev)가 추진한 '글라스노스트(glasnost/개방)'와 '페레스트로이카(perestroika/개혁)' 정책은 되레 소련 공산주의 체제의 취약성과 위성국들에 대한 미약한 지배력을 만방에 드러내는 결과를 낳았다. 1989년~1990년 중부 유럽의 공산주의 정부와 바르샤바조약기구가 해체되고 이듬해인 1991년까지 이어진 소련의 내부 붕괴로 러시아 주변 지역에 14개 국가가 독립했으며, 소련의 맹주였던 러시아는 여전히 지리적으로는 광활하나 인구는 1억 4,000만 명에 남짓한 더 작은 국가로 전락했다.[3]

초강대국이 되기 시작한 중국

제2차 대전이 끝난 뒤 중국이 강대국으로 성장하는 과정은 매우 어렵고 복잡했다. 기록상 소련에 이어 두 번째로 많은 군인과 민간인의 인명 피해가 있었지만, 그래도 중국은 1945년의 승전국 가운데 한 곳이었다. 하지만 이후 장제스(蔣介石)의 국민당과 마오쩌둥(毛澤東)이 이끄는 공산당 사이의 내전이 벌어졌고, 이 국공 내전에서 공산당이 승리함으로써 1949년 공산주의 국가 중화인민공화국이 탄생했다. 전쟁에서 패배한 민족주의 반공산주의 국민당은 70년 후 신냉전의 화약고가 될 대만 섬을 차지하고 미국의 지원으로 기존 중국(중화민국)의 유엔 안전보장이사회 지위를 1971년 10월 중화인민공화국이 승계할 때까지 유지했다.

중국이 강대국 위치에 도달하는 데 아주 오랜 시간이 걸린 이유를 생각하면 1958년~1960년의 파괴적인 대약진 운동과 1966년~1976년의 폭력적이고 격동적인 문화대혁명 같은 마오쩌둥의 전횡이 떠오를 수밖에 없다. 결과적으로 그는 거의 200년에 걸친 외세의 개입을 견뎌내고 주권과 독립을 쟁취한 중국의 발목을 잡았다. 1980년 중국은 전 세계에서 인구가 가장 많은 나라였으나 1인당 GDP는 195달러에 불과했다. 당시 막 산업화가 이뤄지고 있던 멕시코의 1인당 GDP는 3,000달러였다.[4]

완충 지대 위성국들을 방패 삼아 냉전을 밀어붙인 소련과 달리 중국에는 완충국이 없었다는 사실도 중요하다. 그 대신 중국공산당은 70년이라는 오랜 시간을 티베트에서 신장과 홍콩에 이르는 주변국들에 대한 통제를 강화하는 데 썼고, 1952년 한국 전쟁에 개입하거나 1962년과 1967년 무력 충돌로까지 확대된 인도와의 영토 분쟁 등 접경지를 관리하는 데 몰두해왔다. 지금도 중국공산당은 남중국해 인근 섬과 해역의 영유권을 주장하면서 계속 통제하고 있다. 특히 대만이 정치적으로 중국 본토에서 분리되는 상황을 막는 데 골몰하고 있다.

소련은 초강대국 지위를 달성한 지 고작 40여 년 만에 붕괴했지만, 중국은 세계를 선도하는 강대국이 되기 위한 더딘 여정을 막 시작했다. 2023년 기준 중국 인구는 14억 명으로 전 세계 인구의 약 18%를 차지한다. 이는 붕괴 당시 소련의 다섯 배 수준이고, 오늘날 러시아의 열 배이자 미국의 네 배에 달하는 규모다. 그런데도 1인당 GDP는 미국의 20%인 1만 2,500달러에 불과하며, 이 평균 수치는 엄청난 부의 편차를 숨기고 있다. 농촌과 내륙 지역의 평균 실질 소득은 부유한 해안 지역 대비 20%인 데다, 전체 노동 인구의 35%가 넘는 약 3억 명이 내부 이주 노동자로 불안정한 생활을 이어가고 있다.[5]

중국 GDP가 지속적이고 안정적으로 성장하기 시작한 때는 마오쩌둥의 후임으로 덩샤오핑(鄧小平)이 정권을 잡은 1980년 이후부터다. 이 시기에 그는 대중 교육과 도시화에 중점을 두고 시장 개방 정책을 펼쳤다. 이후 40년 동안 거의 꺾이지 않고 연달아 성장한 중국의 GDP는 총량만 놓고 보면 양적으로 미국을 추월하기 직전이다. 일부 질적인 영역에서도 미국과 유럽을 따라잡거나 이미 능가했다.

중국이 전 세계 저임금 노동을 도맡던 시대는 지나갔다. 중국의 교육 체계는 대부분 자국민을 높은 수준으로 교육하고 있으며, 대학들도 과학, 기술, 공학 분야에서 매년 200만 명~400만 명의 졸업생을 배출하고 있다.[6] 양자 컴퓨팅을 비롯해 전 세계에서 가장 강력한 슈퍼컴퓨터 시스템을 구축하는 등 최첨단 기술 분야에서도 중국은 혁신적인 발전을 이뤄냈고, 제조업 분야에서도 이제 독일과 어깨를 나란히 하기에 이르렀다. 더욱이 거대한 내수 시장을 활용해 미국을 제외하고는 유일하게 알리페이(Alipay) 같은 온라인·모바일 결제 플랫폼과 위챗(WeChat) 같은 멀티 플랫폼 서비스를 결합한 대규모 디지털 기업을 자체적으로 보유한 국가가 됐다. 10억 명이 넘는 시민들의 개인 정보에 접근할 수 있는 중국은 음성 및 이미지 인식에서부터 자율 주행 자동차에 이르기까지 AI(인공 지능) 응용 분야에서도 혁신을 주도하고 있다.[7]

그러나 다른 분야에서 중국 경제는 기껏해야 신흥 시장이나 개발도상국 수준에 머물고 있다. 중국의 금융 자본 시장은 여전히 미성숙한 상태이며, 부동산과 건설에 과도하게 의존하는 데다 보건, 교육, 연금 등 사회 복지 프로그램이 아직 제대로 발달하지 못한 상황에서 급속히 고령화 사회로 접어드는 등 성장의 걸림돌이 아직 많다. 2023년 1월 중국 국가통계국은 2022년 말 기준 인구가 처음으로 85만 명 감소했다고 발표하면서, 중국이 더 부유해져야 하는데 늙어가고 있다고 우려했다.[8] 신뢰할 만한 사회 안전망 부족으로 청년층 대부분은 월 소득의 30%~50%를 그대로 저축하는데, 이 또한 성장을 견인할 민간 소비를 가로막는 요인이다.[9] 여기에 더해 중국 청년들은 코로나19 범유행 당시 당국의 봉쇄로 인한 충격과 스트레스 때문에 부모 세대처럼 열심히 일하려고 하지 않는 경향도 보인다. 1주일에 6일 동안 아침 9시부터 저녁 9시까지 일하는 삶을 조롱하며, 소셜 미디어에는 '탕핑(躺平/Lying Flat/드러눕기)'이나 '바이란(擺爛/Letting it Rot/자포자기)' 같은 신조어가 유행이다.[10]

자국의 안녕이 최우선인 중국

중국의 앞길은 중국공산당의 소수 핵심 권력층이 결정한다. 전술적 측면에서 여러 이견이 나올 수 있고 공개적으로 경쟁하는 민주적 절차 따위는 그들에게 통하지 않는다. 한번 정하면 그대로 가는 것이 일반적이다. 그렇더라도 미래를 계획할 때 우선순위가 있을 텐데, 그들이 중국의 미래와 그 목표를 달성하기 위해 가장 중요하게 여기는 부분은 무엇일까?

시진핑 주석은 중화인민공화국 건국 100주년인 2049년까지 중국이 19세기 초 서구의 산업혁명으로 내주고 말았던, 두 번째 천 년의 수 세기 동안 가장 부강한 나라로서 세계 정상에 서 있던 자리를 되찾아야 한다고 역설했다.[11] 아마도 그의 관점에서 중국이 부흥하려면 중국 인민 대다수의 생활 수준을 크게 높여 중국공산당이 계속 권력을 잡을 수 있는 통치 정당성을 확보해야 할 것이다.

소련은 실패했지만, 중국은 그 목표를 달성하는 데 성공할 수 있다. 인구 규모와 경제 생산량을 고려하면 중국은 전성기 시절 소련을 훨씬 뛰어넘었고, 초강대국 사다리 꼭대기에서 미국의 지위를 빼앗을 수 있는 잠재력을 지니고 있다. 하지만 중국은 1980년대 중반 이후 지속해서 높은 수준의 경제 성장을 이루고도 떨치지 못한 트라우마가 있다. 19세기 초 쇠퇴기를 겪는 동안 1840년부터 1945년 사이 유럽 열강과 일본에 당한 100년의 굴욕은 중국공산당 지도부는 물론 국민에게도 깊은 상처를 남겼다.[12] 최근인 2023년 3월에도 시진핑 주석은 "외세의 괴롭힘과 잦은 전쟁이 나라를 분열시키고 중국 인민을 커다란 고통의 나락에 빠뜨렸다"고 통탄했다.[13] 이렇듯 중국은 외부 간섭과 내부 혼란이 체제를 약화해 자국의 부흥을 방해하리라는 체질적 두려움을 갖고 있다.

이 두려움의 밑바탕에는 두 가지 핵심 요소가 있다. 첫 번째는 제2차 대전 이후 아시아-태평양 지역의 지배적 권력을 확보한 미국이 중국의 부상을 저지할 것이라는 계산이다. 이 같은 위험에 대응하고자 중국은 지난 20년 동안 군비 확장에 열을 올렸다. 1949년부터 육상 국경 수비를 인민해방군에 기대온 중국공산당은 해군력 강화에도 집중했는데, 아직 미국의 11척에는 한참 모자란 3척의 항공모함을 보유한 상황이지만 세계 최대 규모의 해군을 만들기 위해 계속해서 군사 예산을 투자하고 있다. 그리고 수십 년 동안 핵탄두 200개를 확보함으로써 최소한의 핵 억지력에 만족했던 중국은 더 나아가 각각 약 1,500개 핵탄두를 배치한 미국과 러시아를 따라잡는 데 박차를 가하고 있으며 2030년까지 이를 달성할 것으로 보인다.[14]

핵심은 정말로 중국이 비대칭 전력, 즉 상대국에 없는 대체 무기로 미국의 군사력을 무력화할 역량을 이미 구축했다는 사실이다. 마하 5의 속도로 움직여 요격이 매우 어려운 극초음속 대함 미사일 개발에 조기 성공한 것이 좋은 예다. 미국이 중국의 영유권 주장에 맞서 남중국해와 대만 해협에 주둔시킨 미 해군은 이제 중국의 공격에 더 취약해졌다. 중국은 2021년 8월 극초음속 활공 비행체 탄도 미사일을 탑재한 로켓을 발사해 지구를 선회하는 데 성공했고 미국은 당혹스러움을 감추지 못했다.[15] 이로써 미국이 괌에서 일본까지 전진 배치한 전력을 보호하기 위한 탄도 미사일 요격 시스템에 구멍이 뚫렸다. 슈퍼컴퓨터, AI, 군집 드론(drone swarm), 사이버전(cyber warfare), 공격 위성 등 국방 관련 첨단 기술 분야에서 중국은 이미 미국과 대등하거나 추월한 상태다.[16]

두 번째는 경제적 문제다. 중국공산당이 갖는 두려움은 굴욕적인 역사의 기억과 자국을 미국 및 다른 열강으로부터 보호해야 할 영토와 바다의 군사적 문제에만 국한하지 않는다. 과거 소련은 막대한 천연자원에 힘입어 초강대국의 지위에 올랐으나, 중국은 성장하는 경제를 부양하기 위해 원자재 수입에 크게 의존하고 있다. 현재 중국은 석유는 70% 이상, 천연가스는 약 50%, 철광석은 70% 이상을 수입해 사용한다.[17] 그렇기에 이런 원자재의 미래 공급 안전성을 확보하는 것도 중국이 해군을 키워 남중국해를 장악하고 대만을 되도록 빨리 그 틀 속에 끌어들이려는 주요 동기로 작용한다. 이 전략이 실패한다면 중국의 안보는 중국 해군을 '제1도련선(First Island Chain, 중국이 자국의 최후 해상 방어선으로 설정한 오키나와에서 대만, 필리핀, 믈라카 해협까지의 경계를 뜻한다_옮긴이)' 이내로 묶어두려는 미국과 그 동맹국들인 일본, 한국, 대만, 필리핀의 저지에 계속해서 저당 잡힐 것이다.

따라서 천연자원 부족 문제를 극복하는 일은 중국공산당 경제 외교 정책의 핵심이다. 그동안 중국 정부는 향후 안정적인 천연자원을 공급받기 위한 접근성 확보 차원에서 인접 지역을 뛰어넘어 자원이 풍부하고 전략적으로 중요한 국가들에 꾸준히 영향력을 행사해왔다. 2013년 시진핑 주석이 '일대일로(一帶一路/One Belt One Road)' 계획을 발표한 이후 중국은 특히 아프리카, 중앙아시아, 중남미 지역 국가들과 협약을 체결하고 물리적 인프라 개발을 지원하는 데 무려 1조 달러를 투자했다.[18] 중국은 또 아라비아해를 끼고 있는 파키스탄 남서부의 과다르(Gwadar), 홍해 입구의 지부티

(Djibouti), 인도양을 면하는 스리랑카 함반토타(Hambantota)에 항만을 건설해 이른바 '진주 끈(String of Pearls)'을 형성했다. 러시아가 우크라이나를 본격적으로 침공하기 20일 전인 2022년 2월 4일에는 앞서 언급했듯이 러시아와 '무제한 협력'을 약속했는데, 이 또한 마찬가지로 중국의 광적인 경제 욕구를 충족시킬 필수 에너지 및 광물 공급원이 될 것이다. 2023년 3월에는 주요 원유 공급국인 사우디아라비아와 이란 사이의 안보 협정 재개를 중재하는 데도 핵심적인 역할을 했다.[19]

　과거 첫 번째 냉전의 중심축은 소련을 위시한 바르샤바조약기구가 미국을 필두로 한 나토에 맞섰던 유럽에 있었다. 중앙아메리카의 쿠바, 동아시아의 베트남, 아프리카의 앙골라 등도 주변부에서 소련의 글로벌 영향력을 과시하고 미국의 약점을 파고들거나 경쟁의 중심 무대인 유럽에서 미국을 끌어내리려는 게 목적이었다. 그런데 이와는 대조적으로 중국의 경제 규모와 그에 따른 경제적 취약성이 결합하면 미국과 중국 간 패권 경쟁은 진정한 글로벌 경쟁으로 확산할 것이다. 그리고 신냉전의 각축지는 현재 '글로벌 사우스'라고 불리는 아프리카, 중남미, 중동, 동남아시아가 될 것이다. 세계의 전략적 교차점이 된 이 지역에서 중국은 미국의 오랜 패권에 도전하게 될 것이다.

내부 통제는 생존을 위한 본능

중국이 직면한 과제가 외부에만 있는 것은 아니다. 소련공산당과 마찬가지로 중국공산당도 무한에 가까운 독재 권력을 가진 것처럼 보이지만, 조금만 들여다보면 그 안에는 본능적 불안감으로 움직인 비밀스러운 혁명 운동의 유전자가 남아 있다. 중국의 오랜 역사를 고려할 때 오늘날 중국공산당 지도부는 민중의 격변과 민족 분리를 동시에 두려워한다. 굴욕의 세기에 대한 기억과 소련 공산주의 몰락을 주시한 미국이 이를 충분히 악용할 수 있다고 그들은 믿고 있다.

이 같은 맥락에서 중국공산당 지도부는 일반 개인이든, 법조인이든, 공회(工會, 노동조합을 말함_옮긴이)든, 비영리 단체든 간에 공산당에 반대하거나 공산당과 다른 정치적 의견을 내지 못하게끔 원천 봉쇄한다. 시진핑 체제하에서 중국공산당은 공공 정보 통제를 한층 강화했고, 반정부적 요소가 보이는 모든 정보에 철권을 행사했다. 수만 명의 공무원을 배치해 중국 내에서 일부 해외 웹사이트 접속을 차단하는 속칭 '만리방화벽(防火长城/Great Firewall)'도 구축했다. 그뿐만 아니라 부도덕한 기업으로부터 국민을 보호한다는 명목 아래 유전자 데이터베이스에서 안면 인식 시스템에 이르기까지 각종 디지털 도구를 활용해 반체제 인사와 예의주시할 인물들을 감시 및 통제하고 있다.[20] 중국공산당은 법률 준수와 함께 정치적

순응에도 점수를 매기며, 회유와 처벌을 섞어 국민 행동을 당의 노선에 맞추려고 부단히 노력한다.

그러나 중국공산당도 통제는 어디까지나 임시방편에 불과할 뿐 국민이 기대하는 미래를 제공하지 못한다면 실패할 수밖에 없다는 사실을 잘 알고 있다. 그 기대 가운데 한 부분이 중국은 다시금 위대해지고 있다는 것, 다시 말해 중국인이 마땅히 받아야 할 존중을 받게 되리라는 것이다. 이런 의미에서 대만을 그들이 말하는 더 위대한 중국으로 재흡수할 중국공산당의 역량은 안보를 관리하는 능력만큼이나 국내 신뢰도와 정당성의 시험대다. 아울러 기대의 또 다른 부분은 중국이 전 세계 다른 선진국들과 동등한 수준의 국민 복지를 이루는 데 있다.

이 두 번째 기대를 충족시키는 일은 신냉전과 구냉전 사이의 결정적 차이에 달렸다. 중국공산당은 소련의 붕괴를 지켜보면서 중요한 교훈을 얻었다. 덩샤오핑 체제 이후 당의 최우선 과제는 권력에 어떤 도전도 허용하지 않은 채 중국의 경제 성장을 가속하는 것이었다. 중국은 이를 위해 고르바초프가 국가 성장의 필수 전제 조건이라고 믿었던 두 가지 중 정치적 '개방'은 손대지 않고 경제적 '개혁'에만 온 힘을 쏟았다. 덩샤오핑 체제에서 중국공산당이 자급자족을 포기하고 글로벌 경제에 참여하게 된 배경에는 이 같은 '개혁' 집중 전략이 숨어 있었다. 과거 소련공산당 지도부와 달리 중국공산당 지도자들은 국내 마르크스-레닌주의 체제를 강화할 수단으로 평행 세계 경제 질서를 창출하려고 시도하지 않았다. 그들이 확고한 글로벌 경제 목표를 세우고 있는 한 그 수단은 국내 경제 성장을 촉진하고 전 세계 다른 국가들과 무역 및 투자를 활용함으로써 외부 또는 내부 전복으로부터 당을 지켜내는 것 말고는 없다.

오늘날 러시아 정부는 소련공산당이 그랬듯 글로벌 경제 통합을 자국의 권력과 국가 주권의 위협으로 인식한다. 반면 중국공산당은 글로벌 경제 참여를 중국이 경제 성장과 정치적 영향력을 확대할 기회로 삼고 있다. 중국의 경제 규모가 커지면 세계 경제를 지배할 수 있고, 이를 통해 내부 안보도 더욱 강화할 수 있으리라고 기대하는 것이다. 중국은 소련과 다르다. 중국은 다른 국가에 조건을 제시할 수 있으며, 미국 및 동맹국과 달리 중앙집권 정치 체제를 통해 국가 경제 목표를 훨씬 일관되게 추진할 수 있다.

하지만 바로 그 때문에 중국공산당은 중국의 글로벌 경제 참여 범위를 계속 통제한다. 민감한 경제 부문의 외국인 투자를 제한하는 이유, 주요 부문에 국영 기업의 중심 역할을 거듭 확인하는 이유, 중앙은행인 인민은행이 자본 통제를 풀지 않고 위안화의 완전한 국제 통화를 허용하지 않는 이유 등이 모두 여기에 있다. 그런데 2009년~2014년 과도한 경기 부양 정책이 도시 개발을 폭주시키고 부동산 가격을 들쑤셔놨을 때 느꼈겠지만, 통제 본능은 태생적 약점이 될 수 있다. 또 다른 예로 시진핑 주석이 '일대일로' 계획을 추진하면서 스리랑카 함반토타 항만 건설을 비롯해 케냐와

우간다를 잇는 철도 프로젝트에 참여한 많은 중국 기업도 결과적으로 실패함으로써 잘못된 베팅을 한 셈이 됐다.[21]

그렇다고는 하나 중국이 자국뿐 아니라 전 세계 경제 환경을 변화시킨 정도만 놓고 본다면 신냉전과 구냉전의 근본적인 차이점을 알 수 있다. 중국과 미국 그리고 각각의 동맹국들은 21세기에서 긴밀하게, 심지어 어떤 국가들은 떼려야 뗄 수 없는 관계로까지 서로 연결되기 시작했다.

제2장

패권을
위협하는
중국의 부상

★

중국이 글로벌 경제 대국으로 떠오르는 데 지금은 숙적인 미국의 지대한 도움을 받았고, 그 결과 비록 깊게 꼬여 있을지언정 미국이 과거 소련과 맺지 못했던 경제적 상호 관계를 중국과 유지하고 있다는 사실은 무척이나 역설적이다. 그렇지만 이제 미중 양국은 이 같은 상호 의존의 위험성에 눈을 떴고, 기존 관계를 중심으로 성장한 연결 조직 일부를 잘라내려고 한다. 신냉전이 초기 단계에 진입했다고 볼 수 있는 몇 가지 징후는 서로가 상대국과의 관계를 재설정하고 기꺼이 위험을 무릅쓰려는 노력을 반영하고 있다.

현재까지는 글로벌 경제의 정점인 미국

1975년 이후 비공식적으로 'G7(Group of 7)' 국가로 알려진 미국의 전후 최대 동맹국인 캐나다, 프랑스, 독일, 이탈리아, 일본, 영국은 지난 냉전 동안 세계 최대 경제력을 형성했다. 전 세계 GDP에서 미국이 차지한 비중은 제2차 대전의 참화에도 본토에 타격을 입지 않고 승리한 이후인 1950년대에 무려 30%로 최고조에 달했다. 1990년까지도 미국은 여전히 26.5%를 차지했으며, 몰락 직전 소련은 9%, 중국은 1.6%에 불과했다. 그 이후로 미국의 비중은 소폭 하락해 2022년 기준 25% 수준을 지켰는데, 그동안 중국 경제는 기하급수적으로 성장해 18%에 육박했고 유럽과 일본은 중국의 비중이 적용된 만큼 감소했다.[1]

GDP 성장률에 비례해 미국의 군사력도 함께 성장했다. 해마다 GDP의 3%~4%를 군비로 지출하던 미국의 국방 예산은 1990년 5,000억 달러에서 2023년 8,000억 달러로 증가했고, 이는 그해 전 세계 국방비 총합의 40%에 해당했다.[2] 제2차 대전이 끝난 지 80년이 된 지금도 미국은 굳건히 세계 최대 군사 강대국이다. 일본과 한국, 태평양과 인도양 일대, 카타르와 사우디아라비아는 물론 나토 동맹의 맹주로서 유럽 전역에도 군사 기지와 병력이 주둔 중이다. 경제적 부와 군사적 기술력은 미국에 불가분의 관계로 연결돼 있는데, 이는 중국도 마찬가지일 것이다.

미국 경제는 글로벌 경제 패권국 위치에 오를 수 있었던 구조적 이점을 그대로 간직하고 있다. 미국은 중국과 달리 대체로 비옥하고 인구가 적은 드넓은 땅을 갖고 있으며, 또 중국과 달리 인접국도 캐나다와 멕시코 두 곳뿐인 데다 비교적 우호적인 관계를 유지하고 있다. 천연자원도 엄청나게 많다. 미국은 세계 최대 석유 및 천연가스 생산국이다. 1980년대에 수압 파쇄법과 수평 시추법 같은 신기술을 개발해 2000년대 이후 풍부한 자원을 머금은 새로운 지층을 대량으로 확보했다. 식량도 얼마든지 자급자족할 수 있을

뿐더러 농산물 수출도 세계 최대 수준이다.

미국은 기업 규제 방식이 가벼운 편이고 재산권을 확실히 보호해주는 등 개방적인 시장 경제를 지향하고 있다. 아메리칸 드림은 여전히 전 세계 이민자들을 미국으로 인도하는데, 2022년 한 해에만 100만 명이 유입해 미국 전체 인구 중 외국 출신 비중을 14%인 4,600만 명으로 끌어올렸다.[3] 이들의 재능과 주도성과 근면성은 미국 경제의 서비스 및 제조업 분야를 지탱하고 있으며, 때로는 구글(Google)이나 줌(Zoom)처럼 첨단 기술 분야 스타트업을 탄생시켜 새로운 부를 창출해내기도 했다.

미국은 주요 경제 지표와 지정학적 지위를 유지하도록 해주는 활력을 아직도 상당 부분 유지하고 있다. 여전히 높은 기술력으로 혁신 분야에서 세계를 선도하고, 최근에는 오픈AI(OpenAI)와 구글에서 대형 언어 모델(LLM)을 통해 학습된 챗GPT(ChatGPT)와 바드(Bard) 같은 생성형 AI 서비스도 선보였다. 고등 교육과 R&D(연구개발) 분야의 세계적 우위도 여전하다. 3억 3,000만 명에 이르는 거대 단일 시장과 스타트업에 얼마든지 자금 지원을 할 수 있는 역량으로 입지를 굳건히 하고 있다. 미국은 전 세계에서 가장 크고 유동성도 가장 높은 자본 시장을 갖고 있으며, 세계 기축 통화인 달러화의 역할 덕분에 막대하고 고유한 혜택을 누리고 있다. 현재도 대부분 국가 정부와 기관들이 미국 달러에 투자하는 것을 자신들이 보유한 자산 가치를 보호할 가장 안전한 방법이라고 믿는다는 사실 자체가 미국이 지난 수십 년 동안 거침없이 자국 통화로 돈을 빌릴 수 있었던 유일한 국가임을 의미한다.

1980년대 후반부터 미국의 경제적 쇠퇴가 임박했다는 예측도 꽤 나왔었다.[4] 대개는 미국 내부의 정치적 기능 약화나 제국주의적 팽창 또는 이 두 가지가 조합된 무엇이 작용하리라고 가정했다. 하지만 적어도 현재로서는 이런 가정들 모두 틀렸음이 입증됐다. 지난 냉전과 탈냉전 시기에 미국은 베트남과 이라크에 막대한 전쟁 비용을 투입했고, 금융 시장 붕괴를 거치면서도 자국의 입지를 위협하는 모든 도전에 저항해왔다. 1960년대 초 소련이 미국보다 먼저 유인 우주선을 세계 최초로 발사해 궤도 진입에 성공했을 때 소련에 기술적으로 추월당할 것을 두려워한 이른바 '스푸트니크 순간(Sputnik Moment)'이 있었지만, 그 '순간'은 말 그대로 잠깐이었다. 1980년대 일본의 경제적 부상과 EU(유럽연합)의 단일 시장 및 단일 통화 구축도 미국을 밀어내는 데는 역부족이었다.

그런데 이에 반해 중국의 부상은 지금껏 이어온 미국의 패권에 가장 엄중한 시험대가 됐다. 경제와 기술 사다리 꼭대기를 차지하려는 미중 양국의 불꽃 튀는 경쟁은 신냉전의 기본 요인으로 작용하고 있다.

중앙 무대로 움직이는 중국

중국은 WTO에 가입한 2001년 이후부터 괄목할 만한 경제 성장을 체험했다. 아직도 WTO 규정상 '개발도상국'으로 분류되는 중국은 경제를 다른 국가와 똑같이 개방하지 않고도 세계 시장에 수출할 때 저관세 혜택을 누릴 수 있었다. 그러면서도 국내에서는 개방과 경쟁을 유도하고 외국인 직접 투자와 신기술 및 전문 지식 유입 그리고 부동산과 교통 개발 등 국내 인프라에 정부 지출을 대규모로 투입해 어마어마한 경기 호황을 불러일으켰다. 2001년 중국의 GDP는 1조 2,000억 달러(미국은 10조 2,500억 달러)였지만, 2022년에는 18조 달러(미국은 25조 9,000억 달러)를 기록했다. 경제학자들이 말하는 '구매력 평가(PPP)' 지수, 즉 다른 국가 통화 대비 위안화의 구매력 수준만 놓고 본다면 중국의 실제 GDP는 전 세계의 16.6%를 차지해 미국의 15.8%보다도 높다.[5]

중국이 세계 경제에 미치는 영향은 놀라울 만큼 커졌고 앞으로도 계속 커질 것이다. 2009년에 중국은 세계 최대 수출국으로 등극했으며, 현재는 가장 가까운 경쟁국인 미국과 독일보다도 한참 앞선 상황이다.[6] 수출 품목은 처음에는 섬유, 장난감, 가구 같은 기초 제조품이었다. 그러다가 제조업 가치 사슬을 고속철도 시스템과 의약품까지 확대했고, 이제는 공작기계와 전자제품, 가장 최근에는 자동차 분야까지도 독일과 이탈리아 및 다른 서구 기업들과 경쟁하고 있다. 중국 기업들은 이미 전 세계 제조 기업들의 필수 부품 공급업체로 자리매김해 글로벌 공급망에 없어서는 안 되는 존재가 됐다.

나아가 중국은 21세기 세계를 주도할 녹색 기술 분야에서도 확실한 경쟁력을 갖춘 상태다. 국내 시장에서도 해당 분야 발전을 위해 보조금을 아낌없이 지원하고 있다. 2010년대에도 중국은 풍력 발전용 터빈은 물론 스마트폰을 비롯한 대부분 전자 부품에 필수적으로 들어가는 희토류 채굴과 가공에서 전 세계 90%를 차지했다. 2023년에는 전기자동차 배터리 핵심 원료인 가공 리튬과 코발트의 90% 이상을 중국이 생산했다.[7]

더욱이 중국은 내수 시장의 방대한 규모와 증가하는 부 덕분에 다른 국가가 가장 선호하는 수출 대상국이 됐고, 세계 경제의 성장 기회마저 견인하고 있다. 동남아시아 국가들은 중국 수출에 힘입어 2000년 약 6,000억 달러에서 2020년 3조 달러로 GDP가 성장하는 등 최대 수혜를 입었다.[8] 지금 중국 기업들은 국내 인건비 상승에 따라 이들 국가의 제조업 생산에 투자하고 있으며, 이 지역의 외국인 직접 투자 비중을 2011년~2017년 7%에서 2021년 12%로 높여 투자 총액 3조 1,000억 달러를 달성하는 데 이바지했다.[9]

중국은 희토류뿐 아니라 철광석, 구리, 대두, 팜유 등 글로벌 원자재의 세계 최대 수입 시장이다. 아프리카에서 중남미에 이르는 전 세계 원자재 수출국들과 중요한 상호 의존 관계를 형성하고 있다. 역사상 가장 성공적인 제조업 분야 수출국인 독일과 일본의 주요 시장이기도 하다. 오늘날 사우디아라비아 석유 수출길의 주된 종착지도 미국이나 유럽이 아닌 중국이다. 브라질 농산물 수출의 최대 시장도 미국이나 유럽이 아니라 중국이다. 2022년 기준 중국은 전 세계 120개국의 무역 상대국이다.[10]

중국은 국내 첨단 기술 분야의 성장과 더불어 걸프 국가들처럼 경제적 여유가 있는 신흥 시장에도 제조업 의존에서 벗어나 기술을 활용해 성장을 견인할 기회를 제공하고 있다. 많은 중국 기업이 사우디아라비아의 네옴(NEOM) 프로젝트에 참여했고, 계획대로만 진행된다면 사막에서 신기루처럼 솟아나 홍해 연안을 따라 170킬로미터 길이로 환상적인 신도시가 펼쳐질 것이다. 중국은 사우디아라비아가 이 도시에 운송, 통신, 통합 에너지 사용을 위한 스마트 기술 솔루션은 물론 매력적인 보안 기술도 지원할 예정이다.[11]

중국은 미국이 20세기 전반 쇠퇴한 대영제국을 대체한 이후 처음 미국과 진정한 지경학적 경쟁을 할 수 있는 국가로 떠올랐다. 조 바이든(Joe Biden) 대통령은 2022년 〈국가안보전략(National Security Strategy)〉 보고서 서문에서 "중화인민공화국은 국제 질서를 자국에 유리한 방향으로 재편할 의도와 역량을 보유하고 있다"고 썼다.[12]

우리의 오해와 미국의 걱정

그렇지만 이로써 미국이 중국의 부상을 받아들였다고 여긴다면 순진한 생각이다. 오히려 중국이 성장하면 할수록 미국은 중국이 거느리게 될 다른 경쟁국들의 세력 확장까지 우려한다.

1990년대와 2000년대 초반까지만 해도 대부분 미국인은 중국이 글로벌 경제에 통합되면 정치적 개방도 덩달아 이뤄지거나, 아니면 적어도 미국이 1950년대 이후 글로벌 경제 리더십 목표로 삼아온 시장 기반 접근 방식을 수용하리라고 기대했다.[13] 밥 졸릭(Bob Zoellick) 전 미국 국무부 차관이 중국에 "책임 있는 이해당사자가 돼야 한다"고 압박한 것은 중국이 암묵적으로라도 미국의 원칙으로 규정된 세계 경제 질서의 일원임을 인정해야 한다는 의미였다.[14] 중국공산당 지도부는 양국의 서로 다른 경제 모델과 통치 체제 및 지정학적 경쟁과 상관없이 미국이 실리 차원에서 그냥 중국의 경제적 부상을 그대로 수용하기를 바랐다. 결과적으로 그렇게 양국 경제는 서로 얽히고설켰다. 미국은 단일 규모로 중국의 최대 수출 시장이다. 2022년 기준 중국 전체 수출량의 16%인 5,830억 달러를 미국이 커버했다(물론 회원국 전체에 대한 수출량으로 치면 20%로 EU가 더 높긴 하다).[15]

중국 정부는 가장 규모가 크고 유동성도 높은 글로벌 금융 시장으로서 미국의 역할을 고려해 무역 흑자 절반을 미국 국채 및 미국 달러 표시 자산에 재투자했다.[16] 중국 기업들은 2010년대를 거쳐 2020년 코로나19 범유행이 본격화할 때까지 주요 해외 자본을 뉴욕 증권 거래소를 통해 조달했다. 나아가 중국은 스마트폰에서 무선 통신에 이르기까지 자국의 첨단 기술 산업을 뒷받침하는 반도체 공급을 미국에 전적으로 의존했고, AI를 활용해 경제 생산성을 높이겠다는 야심 찬 계획을 세웠다.[17]

미국에 중국은 가장 크진 않고 캐나다와 멕시코에 이어 세 번째로 큰 수출 시장이지만, 대두, 밀, 옥수수 같은 농산물과 반도체 및 관련 부품, 석유 및 천연가스, 제약품 등 일부 핵심 부문에서 매우 중요한 수출 대상국임은 틀림없으며, 2022년에는 수출량이 38% 증가했다.[18] 여객기 이용객 수에서도 2022년 미국을 추월했고, 2030년까지 전 세계에서 가장 큰 항공 여행 시장이 될 것으로 예상하고 있다. 2036년에는 2016년 대비 약 10억 명이 늘어 미국보다 50% 더 많은 15억 명의 중국인이 항공편을 이용하리라는 예상치도 있다.[19] 특히 보잉(Boeing)의 중국 시장 진출 성공 여부가 미래에 주효하게 작용할 것이다. 중국 수출로 미국은 현재 100만 개 이상의 일자리를 지원하고 있으며, 전 세계적으로 경쟁력을 갖춘 투자 은행이나 연금·자산 관리 및 보험 등 금융 서비스에서부터 프로 농구 NBA와 디즈니(Disney)를 아우르는 스포츠·엔터테인먼트 분야에서도 중국은 미국의 중요한 성장 동력이다.

그러나 양국 관계의 지정학적 경합 성격이 더욱 명확해지면서 미국과 중국은 이런 양자 무역을 '윈-윈(win-win)' 전략으로 인식하기보다 단순히 경제적 상호의존성을 일부 해소하기 위한 경쟁으로 해석하고 있다. 중국이 경제 현대화 여정을 시작하던 1990년대와 2000년대에 미국은 중국이 지식재산을 도용하는 산업 규모를 대수롭지 않게 넘기곤 했다. 그러다가 통신 및 금융 기술 같은 첨단 기술 분야에서 중국 기업이 미국 기업을 앞지르자 비로소 반격을 개시했다. 버락 오바마(Barack Obama) 대통령은 2015년 9월 시진핑 주석이 워싱턴 DC를 방문했을 때 직접 나서서 해킹 등 산업 스파이 문제를 제기했다. 그러나 해킹은 곧 재개됐고, 뒤이어 들어선 도널드 트럼프(Donald Trump)와 조 바이든 행정부 모두 가해자를 특정한 표적 제재로 대응했다.[20]

중국 또한 마찬가지로, 이미 경제적 선진국에 진입하고도 남을 만큼 부유해졌으나 여전히 WTO 규정에 따른 '개발도상국'으로 취급받기를 고집하면서 성장 이익을 무역 상대국과 나누려고 하지 않고 있다. 이에 2018년~2019년 트럼프 행정부 무역대표부 대표 밥 라이트하이저(Bob Lighthizer)는 미국의 대중 수입액과 중국의 대미 수입액 사이의 증가하고 고착되는 차이가 미국 내 일자리와 세계 시장 점유율을 크게 떨어뜨리는 무역 왜곡의 증거라고 주장하면서 3,600억 달러 규모의 중국 수출 품목에 7.5%~25%의 관세를 부과하는 과정을 주도했다. 당시 무역 적자 규모가 미국 소비자들의 소비 행태를 반영한 것이더라도 중국에서 활동 중인 미국 기업들에 높은 많은 장벽이 있었음은 분명한 사실이다.

미국에 중국 시장은 여전히 불투명하다. 중국 국유 기업이 주요 부문을 계속 장악하고 있는 데다 국유 기업과 거래하는 중국 내 민간 기업은 보조금과 대출 우대 혜택을 받지만, 외국인에 대한 투자 승인은 때때로 '지식재산권(IP)' 이전마저 요구하기 때문이다. 하지만 그런 악조건 속에서도 2010년~2020년 미국 기업들은 거대한 중국 시장을 뚫겠다는 희망으로 정보통신 기술, 자동차, 에너지, 소매 부문에 1,800억 달러 이상을 중국에 투자했는데, 이 가운데 65%가량은 직접 현지 법인을 설립해 용지를 매입하고 사업장 및 생산 시설을 마련하는 '그린필드 투자(Green Field Investment)'로 이뤄졌으며, 중국 내 스타트업에도 600억 달러가 추가로 투입됐다.[21] 그중에서 중국 전기자동차 제조업체 BYD에 투자한 버크셔해서웨이(Berkshire Hathaway)가 최근 몇 년간 가장 성공적이었다는 평가를 받고 있다.

바이든 행정부 역시 전임 트럼프 행정부처럼 중국 시장의 왜곡에 똑같은 우려를 표했지만, 이번에는 중국이 지정학적 이점을 모색하려고 경제력을 활용하는 방식에 더 큰 초점을 맞췄다. 중국의 꾸준한 경제 성장은 지난 20년 동안 GDP의 약 1.7%에 머물러 있던 국방 예산 증가에도 직접적인 영향을 미쳤다. 중국의 국방비는 2003년 330억 달러에서 2022년 2,930억 달러로 10배나 껑충 뛰었고, 이는 명실상부 미국 다음으로 큰 금액이다.[22]

중국은 점점 더 커지는 군사적 영향력을 바탕으로 태평양 지역의 지정학적 힘의 균형을 바꾸려고 하고 있는데, 이 지역은 그동안 미국이 자국의 안보와 번영에 필수적이라고 여겨온 곳이다. 2013년부터 본격적으로 중국은 주변 국가가 영유권을 주장하고 있는 남중국해의 몇몇 작은 섬은 물론 암초까지 점령한 뒤 군사 시설을 건설했다. 중국은 2016년 네덜란드 헤이그(Hague)의 국제기구 '상설중재재판소(PCA)'가 이 섬들을 점령하는 행위는 불법이라는 판결을 내렸는데도 이를 무시하고 있다. 여기서 그치지 않고 중국은 해군력과 공군력을 동원해 한국과 일본의 동중국해 인근 도서 지역 영유권 통제를 경계하면서 전투기를 끊임없이 출격시키고 해안 경비대와 민간 어선을 순회시키고 있다.

　　결정적으로 중국의 국부 증가는 대만을 직접 공격할 미사일의 종류와 양을 크게 늘리는 데 기여했고, 그렇게 확보한 1,000여 기 중에는 대만을 6분~8분 이내에 타격할 수 있는 극초음속 미사일도 포함된다.[23] 만약 중국이 대만을 본토에 편입시키는 데 미사일 공격만이 유일한 방법이라고 판단한다면, 중국의 전면 공격을 방지하거나 억제하려는 미국의 계획은 무척 복잡해진다.

　　중국은 아프리카에서 중앙아시아를 거쳐 중남미에 이르기까지 전략적으로 중요한 국가들에 대한 중국 기업의 투자를 지원하는 데도 증가하는 경제 전쟁 자금을 사용하고 있다. 중국의 이런 투자는 정말로 꼭 필요한 국가 인프라 확장에 도움이 될 수도 있으나,

높은 이자율 때문에 결국 해당 시설을 중국에 넘겨야만 끝나는 부채의 소용돌이 속에 갇히게 되는 경우가 많다. 대표적으로 스리랑카 함반토타의 항만 시설은 중국 국유 기업이 2018년 9월부터 무려 99년 동안 독점 소유권을 갖도록 계약이 체결돼 있다. 일부 서구 평론가들은 중국이 '부채 외교'를 전략적으로 대놓고 계획하지는 않는다고 평가하지만, 그동안 중국이 전 세계 곳곳의 부패한 지도자들에게 돈을 빌려주는 데 익숙해진 것도 사실이다. 2016년 말레이시아 나집 라작(Najib Razak) 정부와 같이 중국의 투자로 사적인 이익을 채우고는 국제 의제에서 중국을 정치적으로 지지한 사례도 꽤 많다.[24]

중국이 책임 있는 이해당사자가 되기보다 새롭게 발견한 경제력을 활용해 미국과 상반된 지정학적 이익을 모색하고 있다는 것이 미국 공화당과 민주당 정책 입안자들과 안보 분석가들 사이의 만장일치에 가까운 결론이다.[25]

지경학적 냉전 또는 화폐전쟁의 시작

한층 강력하고 한결같은 중국의 위험에 눈뜬 미국은 이제 어떻게 해야 할까? 공교롭게도 미국 정책 입안자들은 중국공산당 지도부의 세계관을 바꿀 수 없다. 다만 동맹국들과 함께 중국의 압박을 막아내고 중국의 미래 행보에 대한 이익과 불이익을 제시하는 데 주력할 뿐이다. 이 경쟁에서 양측이 쓸 수 있는 중요한 수단은 지리와 경제이며, 이로 인해 글로벌 경제 경쟁은 구냉전과 다른 방식으로 신냉전의 중심에 놓이게 됐다.

트럼프 행정부를 비롯해 바이든 행정부는 무엇보다도 중국이 첨단 기술 산업과 국방 역량에 필수적인 최첨단 반도체를 생산할 능력이 아직 없다는 사실, 특히 AI 도구를 접목하려고 시도할 때 더욱 어려우리라는 점에 집중했다. 이 같은 전략을 토대로 미국은 유럽과 태평양 동맹국, 그중에서도 한국과 대만의 반도체에 초점을 맞췄다. 트럼프 행정부 때는 미국 기업들의 반도체 첨단 기술이 중국에 유출되는 사태를 방지하고자 입법 차원에서 일련의 조치를 진행했다. 산업 스파이 활동이 가능하다고 판단되는 중국 통신 기술도 수입을 금지했다. 바이든 행정부는 초기에 미국 기술의 가장 민감한 영역을 중국에서 분리한다는 기조 아래 전임 정부의 제한 조치를 유지했다. 나아가 미국 기업들의 자체 첨단 반도체 제조 기술을 중국에 판매하지 못하도록 규제함으로써 제한을 더욱 확대했다.[26] 2023년 8월에는 미국 기업이 중국의 AI, 반도체, 양자 컴퓨팅 등에 투자할 수 없도록 행정 명령을 통과시켰다.

중국공산당 지도부는 이에 대해 서방 세계가 중국을 봉쇄하고 억압하려는 적대적 행위라고 비난했다. 말로만 그치지 않고 중국 국가 기관들에 정보통신 시스템 구축에서 미국 기업 마이크론

(Micron)의 칩을 사용하지 말라고 명령했으며, 공무원들에게는 애플(Apple) 아이폰 사용을 금지했다. 그뿐만 아니라 중국이 생산과 가공을 주도하는 반도체와 더불어 미국의 첨단 국방 시스템에서 사용하는 필수 희토류 광물인 갈륨과 게르마늄 수출을 제한하는 등 즉각적인 보복 조치를 시행했다.

중국공산당은 2015년 당시 시진핑 주석과 리커창(李克强) 총리의 '중국제조 2025(中國製造 2025/Made in China 2025)' 계획에 따라 핵심 기술 수입 의존도를 낮추기 위한 여정도 본격화했다. 이 계획은 반도체, 로봇공학, AI, 나노 기술 등 갖가지 첨단 기술 분야에서 중국의 국내 연구, 개발, 혁신, 산업 역량을 장려하고 발전시키기 위한 것이었다. 미국을 위시한 여러 정부가 보호주의적 발상이라고 거세게 비판하자 중국공산당은 2020년 '쌍순환(雙循環/Dual Circulation)' 전략이라는 다소 온건한 정책으로 선회했는데, 고품질 생산을 통한 국내 성장으로 저가 수출 의존도를 낮춰 자급자족하겠다는 측면에서 이전과 의도와 목적이 동일한 계획이다.[27]

그래도 중국은 미국과의 관계가 악화하는 상황만큼은 방지하려고 여러 다른 조치도 병행했다. 2016년 이래 중국 정부는 미국 국채 및 관련 자산에 대한 투자를 1조 9,000억 달러 수준으로 꾸준히 유지해왔고, 국유 은행을 통해서도 지속적인 무역 흑자를 글로벌 인프라와 글로벌 증시에 투입해 순환시키고 있다.[28] 이 조치는 러시아의 우크라이나 침공이 시작되고 바이든 행정부가 러시아 중앙은행의 달러 보유를 동결하자 더 활발해졌다. 그리고 중국은 현재로서는 위안화가 대체 기축 통화로 달러와 경쟁하는 데 관심이 없어 보이지만, 물밑에서는 더 많은 국가가 자국과 무역할 때 위안화로 결제하도록 유도하고 있다. 2023년 3월 기준 위안화는 중국과의 대외 무역 통화로서 결제량이 처음으로 달러를 넘어섰다.[29]

지난 냉전이 끝난 뒤 미국과 중국 사이에 새롭게 형성된 경제적 관계는 이제 양국 간 전략적 경쟁의식을 심화하고 있다. 미국은 역사상 처음으로 중국이라는 진정한 의미의 글로벌 경쟁자, 달리 표현해 미국의 글로벌 영향력을 약화하고 약점을 파고들 강력한 경쟁자를 마주한 상황이다. 서로가 이 복잡한 관계에 대처하려면 양측 모두에 장기적이고 체계적인 접근 방식이 필요하다. 중국공산당은 내부 체제를 견고히 유지하고 글로벌 영향력 확대에 방해를 받지 않는 한 미국과 경쟁적 공존 관계를 수용할 듯 보인다. 하지만 그 못지않게 미국 입장이 중요한데, 미국이 과연 중국을 상대로 어떻게 변화할지, 신냉전을 바람직하게 관리하기 위한 정책을 미국이 제대로 설계하고 일관되게 접근할 수 있는지가 관건이 될 것이다.

제3장

미국이
전부는 아니다

우리는 지난 냉전 시대에 소련의 위협이 그랬듯 중국의 대외 계획도 위협으로 작용해 미국 정책 입안자들을 결집하게 할 것이라고 예상할 수 있다. 실제로 조 바이든 대통령은 2021년~2022년 국내 인프라, 녹색 전환, 국내 반도체 생산 능력 재건 등에 투자하는 대표적 지출 계획의 명분으로 중국의 위협에 대한 미국의 '21세기 승리'라는 기치를 내세웠다.[1] 그렇지만 중국이 부상하고 있다는 우려를 높이는 방식은 공화당원들이 이런 법안에 찬성표를 던지도록 유도하는 데 아무런 도움도 되지 못했다. 비록 중국이 미국의 미래 안보에 가장 큰 위협이라는 초당적 공감대까지는 형성됐지만, 중국과의 신냉전이 정치적 구심력을 키워서 미국의 당파적 분열을 극복하게 할 가능성은 낮아 보인다.

워싱턴 DC나 미국 전역에서 내부에 독이 된 정치 이야기는 새삼스러울 것도 없다. 1972년 6월 워터게이트(Watergate) 사태 이후 리처드 닉슨(Richard Nixon) 대통령이 사임하게 된 상황이나, 2000년 12월 플로리다 주 대선 개표 분쟁 소송에서 연방대법원 대법관들이 정치 노선을 따라 민주당 앨 고어(Al Gore)를 거부하고 공화당 조지 W. 부시(George W. Bush)의 손을 들어준 사건을 떠올려보자. 하지만 오늘날 상황을 훨씬 더 위험하게 만드는 것은 미국 내부의 정치 싸움이 다른 민주주의 국가들의 구심점 역할을 해야 할 미국의 글로벌 역량을 약화하고 있다는 점이다. 미국이 정치적으로 분열해 내부 불안 요소를 해소하지 못한 채 본격적으로 신냉전에 접어들면 중국과 그 세력은 더 대담해지고 미국과 동맹국들의 힘은 약해질 것이다.

미국의 글로벌 리더십은 이제 끝나는가?

미국은 아직 젊은 나라지만, 여느 국가와 마찬가지로 과거가 현재에 남긴 상처를 지니고 있다. 노예제라는 '원죄'를 해결하기 위함이었던 남북 전쟁과 이후 인종 평등을 향한 모든 투쟁은 미국의 국내 정치 담론을 끝없이 자극했고, 이로 인해 지역적·사회적 분열이 심화했다. 역사의 무게는 미국이 다른 세계와의 관계를 생각하는 방식에도 영향을 미쳤다. 아메리카 원주민을 제외한 미국인 대부분은 아시아 및 유럽 대륙과 지리적으로 동떨어진 곳에서 산다는 의식뿐 아니라 선조들이나 자신들의 선택, 즉 태어난 나라를 떠나 미국이 제공한 열린 국경과 가능성을 찾아 이곳에 뿌리를 내렸다는 국가적 예외주의 의식도 내면에 안고 있다. 그렇기에 이들에게 미국은 특별한 나라여야 한다.

조지 워싱턴(George Washington)은 동포들에게 17세기와 18세기에 그들이 남겨둔 옛 유럽의 지정학적 책략에 오염되지 않도록 "외국과 얽힘을 조심하라"고 경고한 것으로 유명하다. 19세기 초반 유럽 강대국들이 전 세계 대부분 땅과 바다를 자신들의 제국으로 나눠 갖는 모습을 미국이 지켜보던 당시 국무장관 존 퀸시 애덤스(John Quincy Adams)는 제임스 먼로(James Monroe) 대통령의 이름을 딴 '먼로 독트린(Monroe Doctrine)' 초안을 작성했다. 이 방침은 유럽 식민지 세력의 아메리카 대륙 개입을 적대 행위로 간주한다는 미국의 독자적 선언이자 고립주의의 시작이었다.

따라서 우드로 윌슨(Woodrow Wilson)의 의지로 미국이 1917년 4월 결국 제1차 대전에 참전해 영국과 프랑스와 함께 제국주의 독일을 물리친 뒤 그의 제안을 통해 1920년 '국제연맹(LN)'이 설립됐으나 정작 제안국인 미국은 먼로 독트린을 내세운 공화당의 반대로 가입하지 못했다는 사실은 그리 놀라운 일이 아니었다. 하지만 미국의 참여 없이는 유럽과 아시아에서 대규모 전쟁이 재발하는 상황을 막기란 거의 불가능했다. 그런데도 공화당 다수 의회는 대공황 이후 고립주의 지지 성향이 더 강해진 대중을 의식해 1935년 ~1939년 독일과 이탈리아의 파시즘이 심상치 않던 상황에서 미국의 전쟁 개입을 저지하기 위한 일련의 중립 법안을 통과시켰다.

그렇게 제2차 대전이 발발했고, 이전과 마찬가지로 눈치만 보던 중 1941년 일본의 진주만 급습으로 온 미국이 충격의 도가니에 빠지자 비로소 프랭클린 루스벨트(Franklin Roosevelt) 대통령은 참전을 선포할 정치적 명분을 확보했다. 그리고 모두가 알 듯 미국은 승전국이 됐으며, 두 차례 큰 전쟁에 뒤늦게 휘말린 경험은 미국이 고립주의를 극복하고 애초부터 국제 사회에 개입하지 않는다면 향후 일어날지 모를 또 다른 글로벌 분쟁에서 자국의 생명과 재산에 막대한 피해를 보게 된다는 사실을 확실히 깨달았다.

1945년 이후 미국의 새로운 국제주의는 황폐한 유럽과 일본의 재건을 주도하고 전체주의와 권위주의 속성으로 미국의 정체성에 반하는 공산주의의 확산을 막는 데 초점을 맞췄다.[2] 소련이 공산주의 영향력을 확대하는 데 성공한다면 미국은 우방국들을 잃을뿐더러 중요한 무역 시장에도 접근하지 못해 취약한 상태로 외톨이가 될 터였다. 이 같은 계산 아래 미국이 기존의 조심스러운 태도를 벗어던지고 유럽과 아시아의 동맹 세력을 돕고자 군사력과 경제력을 투입해야 한다는 정치적 합의가 이뤄졌다.

영국과 프랑스가 1956년 이집트 가말 압델 나세르(Gamal Abdel Nasser) 대통령의 수에즈 운하 통제를 둘러싼 미국의 개입에 반대할 때도, 1971년 닉슨 행정부가 일방적으로 금본위제를 포기함으로써 다른 국가들이 보유한 달러를 미리 정한 금의 양으로 교환해주겠다는 약속을 무참히 깰 때도, 동맹국 관점에서 미국은 이기적이고 예외주의적인 국가일지언정 그래도 선량한 지도자였다. 냉전 기간 내내 그리고 소련이 1970년대에 동력을 잃고 1979년 아프가니스탄 전쟁의 패배로 수렁에 빠져든 이후에도 미국은 변함없이 막대한 비용을 들여 동맹국은 물론 동맹국이 된 과거의 적국인 독일과 일본에도 우산을 계속 씌워줘 성공적인 경제 대국으로 우뚝 설 수 있도록 지원했다. 1990년 소련 붕괴와 함께 대부분 지역에서 공산주의가 퇴조해 냉전이 종식된 이후에도 미국은 국제주의 기조를 그대로 유지했고 세계 유일의 초강대국으로서 입지를 더욱 확실히 했다.

글로벌 리더십을 발휘하고 리더십 유지에 필요한 비용을 기꺼이 감수하겠다는 미국의 의지 상당 부분은 많은 이익을 가져다줄 세계를 자신들이 떠받치고 있다는 자부심에 기인한 것이었다. 제2차 대전 이후 시장을 개방함으로써 동맹국들은 더 부유해졌으며, 결과적으로 동맹국들이 더 많은 미국 제품을 수입하고 미국에 투자해 미국도 더 큰 부를 창출했다. 1980년대에 이르러 완전히 회복한 유럽 동맹국들의 시장은 포드(Ford)와 제너럴모터스(GM)의 자동차, 코카콜라(Coca-Cola)와 펩시(Pepsi)의 음료, RCA의 텔레비전과 라디오로 넘쳐났다. 이들의 성장으로 자국이 경제적 우위를 잃을 것처럼 보이자 미국은 관세 등 무역 장벽을 낮춘 주요 다자 간 무역 협정을 체결했다. 그리고 급성장한 일본을 견제하기 위한 1985년 '플라자 합의(Plaza Accord)'에서 알 수 있듯이 미국은 궁극적인 안보 보증인의 지위를 활용해 동맹국이 보호하고 있는 부문을 열어젖히게 만드는 데도 주저하지 않았다.

균형 측면에서 보면 지난 냉전 40년 동안 미국은 글로벌 리더십 발휘와 국부 증가를 비교적 골고루 유지했다. 그러나 1980년대 안정세를 보인 이래 정체된 평균 국민 소득 증가율은 1990년부터 감소세로 돌아섰다. 미국의 지정학적 성공의 순간은 부유한 시민과 그렇지 못한 시민 사이의 불평등이 심화하던 시기와 일치했다. 그래서 미국은 중국과의 이번 신냉전을 이전과 매우 다른 태도로 접근하고 있다. 미국이 과거 고립주의의 껍질 속으로 회귀할지 아니면 21세기에도 자유민주주의 국가들의 수호자 지위를 계속 유지할 의지가 있는지가 동맹국들을 비롯한 대부분 국가의 관심사다.

미국은 이기고 있다고 여기지 않는다

오늘날 미국에서 들려오는 볼멘소리, 즉 미국이 글로벌 리더로서 전 세계에 쓰고 있는 비용에 대한 불만의 밑바탕에는 미국이 더 이상 중국을 이기고 있지 않다는 생각이 깔려 있다.[3] 이제 미국의 정책 입안자 대다수는 1950년대에서 1980년대 상황과 달리 국내 경제를 개방하고 국제 무역의 장벽을 없애는 글로벌 리더십이 더는 미국을 부유하게 하지 못하기 때문에 표만 잃을 뿐이라고 결론 내리고 있다.

1991년 소련의 몰락은 통제 주도 경제에 대한 서구 경제의 승리로 자연스럽게 이해됐다. 당연히 이를 계기로 미국의 역대 행정부가 추진해온 경제 세계화가 급속도로 확산했다. 1994년 빌 클린턴(Bill Clinton) 대통령은 캐나다 및 멕시코와 '북미자유무역협정(NAFTA)'을 맺어 대규모 제조업 투자를 국경 이남 지역의 가깝고 값싼 노동 시장으로 이끌었다. 2001년 중국의 WTO 가입도 클린턴 행정부가 설계했고 부시 행정부가 마무리했다. 이로써 중국 수출과 관련한 장벽이 크게 낮아졌고, 중국에 집중된 해외 투자와 기술은 저렴하게 생산된 중국 제조품의 미국 유입을 촉진했다.

그런데 30여 년의 세계화가 진행된 지금 미국은 승리한 분야와 패배한 분야로 나뉘어 있다. 금융, 법률, 컨설팅, 마케팅, 디자인 등 글로벌 고부가가치 서비스와 제약, 항공우주, 디지털 제품 및 플랫폼 같은 첨단 기술 분야는 승리해 번영을 구가하면서 여전히 세계 시장을 주름잡고 미국의 강점인 지식재산이 활용되고 있다. 이에 반해 숙박업과 소매업 등 지역 서비스 분야 및 저부가가치 제조업 분야는 패배했고 자동화와 값싼 노동력에 일자리를 빼앗겼다. 2015년 기준 30대 미국인의 약 50%만이 부모 세대보다 실질 소득이 높았다.[4] 미국의 전체 GDP는 계속 성장했으나 그 혜택은 소득 계층 최상위와 그 근처 사람들에게만 돌아갔다. 2001년부터 2016년까지 고소득층 가계의 순자산은 33% 증가했지만, 중산층과 저소득층 평균은 각각 20%와 45%씩 감소했다.[5]

공화당 지지자든 민주당 지지자든 가릴 것 없이 유권자 상당수가 세계화의 패배한 분야에 서 있음을 알게 되자 그동안 공통으로 세계화를 옹호해온 두 정당의 중도파 의원들은 신뢰와 지지 기반을 상실했다.[6] 2009년 '티파티(Tea Party)' 운동은 보수주의 공화당 주변부에서 더욱 고립주의적이고 극우적인 분위기가 형성되는 신호탄이었다. 2016년 예비선거에서 공화당 유권자들은 경험 많은 대선 후보들 대신 '미국 우선주의'를 내세운 막말의 재벌 도널드 트럼프와 그의 반세계화 비전에 매료됐다. 마찬가지로 민주당 유권자들도 민주당 의원들과 지도부가 선호한 중도 성향의 힐러리 클린턴(Hillary Clinton)을 거부하고 신자유주의에 역행해 미국 경제의 미래를 다른 비전으로 제시한 버니 샌더스(Bernie Sanders)와 엘리자베스 워런(Elizabeth Warren)에게 눈을 돌렸다.

우여곡절 끝에 민주당 대선 후보로 최종 선정된 힐러리 클린턴이 2016년 11월 충격적인 패배를 당하고 도널드 트럼프가 제45대 미국 대통령으로 당선된 데는 여러 요인이 있지만, 글로벌 경제에서 미국의 입지가 흔들리고 있다는 국민적 불안감의 결과이기도 했다. 2017년 1월 20일 대통령 취임 연설에서 트럼프는 "미국 풍경 곳곳에 녹슨 공장들이 묘비처럼 널브러져 있다"고 분노하면서, 다른 나라들이 개방된 무역과 투자로 미국의 제조업과 기술을 따라잡는 동안 생활 형편이 나빠진 수백만 미국인들을 정면으로 겨냥했다.

세계화 과정에 따른 중국의 이례적인 경제 성장과 전임 오바마 행정부가 그 결과에 미친 영향을 부각하면서 트럼프는 그야말로 완벽한 반체제 서사를 완성했다. 그는 전임자들과 기업들의 순진한 '빅 비즈니스(Big Business)'가 미국의 수많은 노동자를 희생시켰고, 중국이 부당하게 이익을 취할 수 있는 빌미를 제공했다고 맹비난하며 대중의 마음을 울렸다. 미국의 수출업체들이 중국에 대해서는 공평한 경쟁의 잣대를 기울이지 않았다는 측면에서 보면 그의 말은 틀리지 않았다.

도널드 트럼프의 유산

하지만 트럼프의 심각한 문제는 그가 옳을 때도 틀렸다는 것이다. 그는 교육이나 인프라 투자를 늘리는 등 미국의 국가 경쟁력과 생산성을 높이고자 의회를 설득해 법안을 통과시키는 일련의 민주적 과정에 대통령의 힘을 사용하지 않았고, 밥 라이트하이저가 마련한 관세 전략도 제대로 활용하지 않았다. 그저 중국과 다른 나라들이 미국을 통해 이익을 취하는 방식에만 강박적으로 발끈해 시도 때도 없이 분노만 표출했다. 중국을 잡겠다고 그가 처음 시행한 조치는 국가안보법을 근거로 중국뿐 아니라 미국의 유럽 및 태평양 동맹국에도 미국으로 수출하는 철강과 알루미늄에 일방적 관세를 부과한 것이었다. 이 조치로 미국의 철강 및 알루미늄 기업들은 우위를 점할 수 있었으나, 이들 제품을 수입해 2차 가공 후 수출하는 다른 미국 기업들은 보복 관세로 막대한 손해를 입었다. 더욱이 트럼프의 무역 정책은 임기 동안 7,500억 달러에서 9,150억 달러로 증가한 미국의 수출 제품 무역 적자에 아무런 긍정적 변화도 가져오지 못했다.[7]

그러나 세계화와 대외 무역을 바라보는 트럼프의 왜곡된 시각은 일회성 일탈로 끝나지 않았다. 2020년 11월 조 바이든이 대선에서 승리한 뒤에도 그의 행정부는 트럼프 시절의 경제 정책을 바로잡기는커녕 거기에 적응했다. 바이든 행정부의 국가안보보좌관 제이크 설리번(Jake Sullivan)은 그 같은 접근 방식을 "새로운 중산층을 위한 외교 정책"이라고 설명했는데, 그 속뜻은 다시금 개방적인 글로벌 시장을 형성해 국내 경제에 '낙수 효과'로 이어지기를 기대하기보다 차라리 미국 내 일자리 창출을 지원하는 데 정부 정책 도구를 집중하겠다는 의미였다.[8]

바이든 행정부는 많은 동맹국의 희망과 달리, 그리고 지난 냉전 시대 미국의 글로벌 리더십과 달리, 동맹국을 포함한 여러 국가와 새로운 다자 간 또는 양자 간 무역 협정을 진행하겠다는 생각 자체를 하지 않았다. 중국 및 동맹국들의 미국 수출품에 부과하는 트럼프 관세를 그대로 유지한 채 수입 할당량만 조정해 특정 기간 미국의 수입액이 미리 정한 임계치를 초과하면 관세를 다시 부과하는 방식으로 전환했다. 조 바이든 대통령은 판사 역할을 하는 WTO 상소 위원을 임명하지 않아 정족수 미달로 WTO의 상소 기구 역할을 무력화한 트럼프 행정부의 조치도 풀지 않았다. 아울러 바이든 행정부가 서명한 2022년 '인플레이션 감축법(IRA)'은 10년 동안 3,900억 달러의 녹색 에너지 보조금과 신규 생산 전기자동차에 세금 공제를 보장했지만, 미국 현지 공장에서 생산한 '미국산'에만 그렇게 해주겠다는 제한을 걸었다.

바깥에서 보기에 미국은 트럼프의 미국 우선주의에서 바이든의 미국 우선주의로 바뀌었을 뿐 근본적 변화는 없는 것 같다. 그리고 그 지평에서 별다른 노력도 보이지 않는다. 도널드 트럼프가 2024년 대선에서 다시 공화당 후보가 되든 안 되든 간에 그 전망은 공화당 지지층과 공화당의 다른 대권 도전자들 모두에게 활기를 불어넣고 있다. 담론의 중심에는 분노가 스며 있다. 트럼프의 주요 경쟁자인 플로리다 주지사 론 디샌티스(Ron DeSantis)는 과거 공화당 후보들과 마찬가지로 글로벌 지향 기업들에 구애하지 않고, 더 큰 다양성과 포용성을 촉진해 기후 변화에 맞서야 한다는 생각을 '깨어 있는' 좌파들의 이념이라고 폄훼하면서, 자신들만의 문화 전쟁을 치를 새로운 전선을 구축했다.

민주당 쪽에서는 글로벌 경제 참여보다 국내 투자에 대한 보조금 지급 등을 강조하며 명목 GDP 수치를 근거로 들어 바이든 행정부 정책이 효과를 거두고 있음을 지적했다. 표면적으로 코로나19 범유행 이후 미국의 GDP 성장률과 고용률이 다른 선진국보다 훨씬 빨리 회복된 것은 사실이다.[9] 최근 생성형 AI 분야의 선도적 발전으로 생산성 측면에서 새로운 물결을 일으킬 수도 있다. 그렇지만 질적 측정치 대부분은 암울한 그림을 그려놓은 상태다. 기대 수명은 20년 만에 최저 수준으로 떨어졌고, 2023년 9월 기준 3.8% 라는 낮은 실업률도 노동 참여율이 62%에 머물러 있다는 사실과 약 1,000만 명이 일자리를 찾고 있으나 취업률 지표에 포함하지 않았다는 내용은 감추고 있다. 나아가 의료비와 교육비가 가파르게 상승해 가계의 실질 소득이 감소하면서 낮은 저축률과 높은 소비율로 이어져 미국 내 축적된 자산은 GDP 대비 매우 낮다는 사실 또한 숨기고 있다.[10] 미국 경제가 미래에도 여전히 역동적일 수 있는 동인은 남아 있을지 모르지만, 현재 대다수 미국인은 부의 열매가 상당히 불균등하게 분배돼 있다고 믿는다.

미국이 주춤한 사이 틈새로 뛰어든 중국

미국은 자기의심과 분열, 경제적 불안감이 점점 더 커지는 분위기 속에서 신냉전 시대에 돌입했다. 미국이 국가 재건의 문턱에 있다고 여기는 이상 바이든의 민주당이나 트럼프의 공화당이나 모두 무역 자유화를 지정학적 이점을 얻기 위한 도구로 사용하는 데 주저할 것이다. 미국이 중국에 효과적으로 대응하려면 동맹국들을 결집해야 하므로 이 문제는 매우 중요하다. 미국 정부의 판단이 미국 국민 스스로 자신들을 어떻게 생각할지, 미국이 벌이는 내부 싸움을 다른 동맹국들이 어떻게 생각할지, 그리고 동맹국들이 미국의 방침을 얼마나 확신 있게 따를 수 있는지에 두루 영향을 미칠 것이다.

이렇게 보면 트럼프 행정부 때의 경험은 미국에 깊은 상처를 남겼다. 임기 초반 트럼프는 회원국들은 반드시 서로를 지원해야 한다는 나토 헌장 제5조의 약속을 대놓고 무시했는데, 이는 유럽 동맹국들이 미국에 방위비를 더 많이 내고 미국산 천연가스도 더 많이 수입하라는 위협이었다.[11] 그의 위협은 정책 변화를 유도하기보다 미국의 이탈에 대한 유럽의 두려움을 일깨웠다. 이에 그치지 않고 그는 한국과 일본에도 미군 주둔비를 네 배로 올리라고 엄포를 놓았다. 마치 깡패들이 '보호세' 명목으로 돈을 '강탈'하려는 것과 같았다. 이 역시 미군이 미국의 이익이 아닌 동맹국의 이익을 위해 용병으로 주둔하고 있다는 그의 평소 생각을 드러낸 것이었다.

뒤이어 바이든 행정부가 사태를 수습하려고 꽤 노력했지만 갈 길이 멀다. 특히 녹색 에너지 보조금에 포함한 '미국산' 의무 사용 조항은 동맹국들에 미국이 중국의 중상주의에 대응하고자 유럽 및 아시아 동맹국들과 협력하기는커녕 자국을 다시 일으켜 세우는 데만 혈안이 돼 있다는 인상을 주기에 충분했다. 바이든 행정부도 유의미한 무역 정책이 없긴 매한가지여서 이렇게 미국이 내부 문제로만 눈길을 돌린 사이 틈새가 벌어졌고, 이는 적어도 겉보기에 다른 나라들과 계속 손을 잡으려는 중국으로서는 절호의 기회가 됐다. 미국이 현대적 인프라 구축을 돕겠다며 2019년부터 아프리카에 지원하기로 약속한 700억 달러는 중국의 더 크고 지속적인 자금 지원과 투자로 인해 상대적으로 그 규모가 쪼그라들었다. 더욱이 중국은 중남미 및 카리브해 지역과 무역 규모를 2000년 120억 달러에서 2022년 4,950억 달러로 폭발적으로 높여 미국을 제치고 최대 무역 상대국이 됐다.[12] 아시아에서도 중국은 아시아-태평양 지역 20개국과 무역 관세를 인하하는 'RCEP(역내 포괄적 경제 동반자 협정)'를 체결한 바 있다. 이에 반해 2022년 5월 바이든 행정부 주도로 출범한 'IPEF(인도-태평양 경제 협의체)'는 디지털 경제 및 기술 표준, 사회간접자본, 공급망 회복, 탈탄소 및 녹색 에너지, 노동 기준, 경쟁 정책 등 새로운 통상 의제에 대응하고 무역 확대를 촉진할 기회는 마련했지만, 미국 시장에 대한 새로운 접근 방식은 제공하지 않았다.[13]

　미국은 안보 분야에서 세계적 지도국으로 남아 있겠다는 결의와 경제 분야에서 여전히 중국보다 매력적인 대안이 될 경제 강국이라는 확신을 심어주고자 애쓰며 신냉전에 돌입했다. 그러나 오늘날 미국 정치를 보면 과연 미국에 과거와 같은 역할을 계속하겠다는 의지가 있는지 의문이 든다. 게다가 중국의 위협에 대응하려는 갖가지 협의가 현재 미국 내부를 휩쓸고 있는 심각한 정치적 분열을 안정시키리라는 전망도 거의 없다. 최소한 단기적으로 볼 때

공화당과 민주당 모두 미국의 사회적·경제적 결속력 상실을 바로 잡는 데 온 힘을 기울일 것이며, 그 과정에서 지난 냉전 동안 미국에 활력을 불어넣었던 아메리칸 드림의 힘과 가능성을 어떻게 다시 불러일으킬지에 관한 양당의 생각 차이가 드러날 것이다. 계속되는 당쟁이 위험한 이유 중 하나는 두 정당이 힘을 합쳐도 모자랄 판에 누가 중국을 상대로 가장 강경한지 보여주기 위한 비방전에만 의존하게 된다는 점이다. 의회 장악력이나 백악관 열쇠를 갖는 것이 최우선 과제라면 올바른 셈법일 수도 있다. 하지만 동맹국들 눈에는 외부 불확실성을 고스란히 떠안은 채 발악하는 미국 우선주의의 새로운 민낯처럼 보일 것이다.

그리고 미국 내부 분열의 틈새를 반기고 이용할 나라가 비단 중국만은 아니다. 러시아 대통령 블라디미르 푸틴도 미국의 자기의심과 분열을 강력한 전략적 동기로 활용했고 앞으로도 서슴없이 활용할 것이다.

제4장

러시아의
새로운 야망

신냉전도 구냉전 때와 마찬가지로 미국과 동맹국이 한 편에 서 있고 맞은 편에 소련을 대체한 중국이 서 있는 삼자 구도가 형성됐다. 다만 이번에는 한 가지 큰 차이가 있는데, 소련의 잔재인 러시아가 이전까지 중국이 해왔던 권위주의 콤비의 후배 역할로 미끄러져 들어갔다는 점이다.

2022년 2월, 우크라이나를 정복해 나토에 대항하는 유럽의 영구적 완충 지대로 전환함으로써 더 큰 러시아를 만들겠다는 푸틴의 시도는 크게 두 가지 중대한 결과를 초래하면서 역효과를 낳았다. 이제 러시아는 서쪽과 북쪽의 유럽 국가들과 각각 새로운 '철의 장막(Iron Curtain)'을 마주하게 됐고, 이로 인해 양쪽 두 축을 한꺼번에 방어해야 한다. 아울러 발칸반도와 아프리카에서 유럽을 상대로 한 새로운 영향력을 행사할 지점을 찾아야 한다.

그뿐만 아니라 러시아는 경제 관계를 남쪽과 동쪽으로 재조정해야 하므로 결국 자국의 미래를 중국에 의존할 수밖에 없게 됐다. 푸틴은 우크라이나를 침공하기 전 중국과 관계를 강화할 중요한 진전을 이뤘지만, 이 때문에 중국은 우크라이나 침공과 관련해 러시아와 공식적으로 협력할 수밖에 없는 상황이다. 만약 러시아가 패배하면 푸틴은 재부상한 미국과 나토의 손에 이끌려 중국과 멀어질 것이다. 일찍이 워싱턴 DC와 동맹국 정부들은 1972년 리처드 닉슨 체제에서 비롯한 대중국 정책의 실효가 끝날 때 신냉전이 시작되리라는 사실을 깨닫고 있었다. 오늘날 미국은 중국 한 나라가 아닌 중국과 러시아를 동시에 상대하고 있다.

미래를 내다보는 러시아

2024년의 러시아는 구시대 유물 속에 갇혀 있는 것 같다. 설문 조사 결과로도 알 수 있듯이 러시아 정부는 물론 국민 대다수가 1941년~1945년 '위대한 애국 전쟁'에서 승리했다는 자부심과 1991년 소련 붕괴가 낳은 수치심 사이에 정신적으로 갇혀 있다.[1] 1945년 이후 소련은 그들에게 엄청난 지위와 세계적인 힘을 선물했다. 비록 공산주의 체제에서 경제적 기회와 개인의 자유는 제한했을지언정 러시아는 모든 인민에게 보호와 안정을 제공하고 인민의 영광을 반영하는 제국의 중심이었다. 러시아 지도자들에게는 방대한 천연자원과 군사력을 통제한다는 만족감과 물질적 혜택 그리고 미국을 위시한 서방 세계와 마음껏 경쟁함으로써 얻은 국제적 존경과 외교적 영향력이 있었다.

그랬는데 어느 순간 갑자기 모든 것을 잃었다. 러시아는 혼란스럽기 그지없는 12개월 동안, 여전히 11개 시간대를 가졌고 여전히 세계에서 가장 큰 영토는 물론 여전히 핵탄두와 운반 체계를 유지한, 전후 강대국의 모든 외형적 모습을 그대로 갖춘 '잔존국'으로 전락했다. 소련에 속했던 모든 위성국이 독립함에 따라 러시아는 푸틴의 위대한 영웅이자 지금도 우상인 18세기 표트르 1세(Pyotr I)와 예카테리나 2세(Ekaterina II)가 동유럽과 캅카스(Kavkaz)에서 차지했던 중앙아시아 영토 대부분에 대한 주권을 상실했다. 그마저 바르샤바조약기구가 없었다면 러시아의 서쪽 국경은 예전처럼 안전하지도 못했을 것이다.

GDP 규모로 치면 러시아 경제는 1990년만 해도 미국과 일본에 이어 세계 3위였다(당시 소련의 총생산량은 미국의 절반 수준인 2조 6,000억에서 5조 2,000억 달러 사이). 그러나 2022년에는 2조 달러를 조금 넘기면서 10위로 떨어졌는데, 그해 미국의 GDP는 25조 9,000억 달러였고 중국은 18조 달러를 기록했다. '여전히' 많은 인구와 풍부한 천연자원을 보유하고도 이탈리아나 캐나다보다 경제 규모가 줄어든 것이다.[2]

블라디미르 푸틴 대통령과 추종자들은 이와 같은 굴욕의 책임을 스스로에게서 찾지 않고 전임자였던 미하일 고르바초프 전 대통령과 미국에 돌린다. 그들은 2000년 이후 지나치게 부패하고 군사화한 자국 상황과 화석 연료 경제를 잘못 관리한 자신들에게 놀라울 만큼 관대하다. 그 대신 소련 붕괴를 미국의 승리주의와 연결하면서 1990년대 러시아의 독특한 정치경제학에 자유 시장 이론을 이식하려다가 실패한 미국의 노력과 점진적으로 빼앗겼다고 여기는 우크라이나 영토에만 집착하고 있다. 특히 우크라이나에 대한 집착은 '오렌지 혁명(Orange Revolution)'을 미국이 지지하면서 본격화했다. 2004년 우크라이나 대선 때 친러시아 성향의 여당 후보 빅토르 야누코비치(Victor Yanukovych)가 부정 선거로 선출되자 오렌지색으로 상징되는 야당의 빅토르 유시첸코(Viktor Yushchenko) 지지자들이 대규모 시위를 통해 사상 유례없는 대법원의 재선거 판결을 이끌어냈고, 다시 치른 대선에서 결국 유시첸코가 당선됐다. 여당의 친러 정책을 경계하던 미국 등 서방 세계는 이를 '오렌지 혁명'이라 부르면서 구소련의 권위주의 정권을 종식한 민주주의 시민 혁명으로 높게 평가했다. 하지만 2010년 대선에 재도전한 야누코비치가 다시 권력을 잡으며 이전보다 더 강력한 친러 정책을 펼쳤는데, 그 결과 수도 키이우(Kyiv)를 비롯해 우크라이나 서부 지역을 중심으로 친유럽 성향의 시민들이 이른바 '유로마이단 혁명(Euromaidan Revolution)'을 일으켜 2014년 마침내 야누코비치 정권을 무너뜨렸다.

푸틴과 추종자들이 가진 분노의 핵심은 지난 냉전 이후 나토를 바르샤바조약기구 회원국들과 발트해 연안국들로 확대하려는 미국의 지원이다. 가장 가혹했던 한 방은 2008년 루마니아 부쿠레슈티(Bucharest)에서 열린 나토 정상회의에서 조지 W. 부시 행정부가 구체적 계획도 없이 구소련 국가였던 우크라이나, 조지아, 몰도바를 나토에 가입시켜야 한다고 때아닌 주장을 해버린 것이었다. 여기에는 소련 초기 우크라이나와 냉전 시기 중부 및 동유럽 국가 일부가 얼마나 가혹한 통치를 받았는지 그 어떤 인식이나 이해도 없었다. 그저 이 지역 새로운 지도자들을 상대로 회원국들의 주권과 민주주의를 성공적으로 정착시킨 나토와 EU의 실적만을 강조한 처사였다.

그렇더라도 러시아 정부의 분노는 이웃 나라들의 역사적 트라우마를 달래기보다 눈을 멀게 만들어 자국의 권위주의적이고 비효율적인 성향을 더욱 강화했다. 푸틴 행정부는 나토의 확대 말고 보다 포괄적인 공동의 유럽 안보 구조를 요구했으나, 사실상 이 요구는 크렘린(Kremlin)이 나토가 제안할 정치적·경제적 주권 확보 및 안보 계획을 러시아와 가까운 유럽 국가들이 거부하도록 만들겠다는 뜻이었다. 크렘린에서 나온 기록 자체가 이를 방증한다. 벨라루스, 아르메니아, 키르기스스탄에 이르기까지 지난 냉전 이후에도 러시아가 회유하거나 강제할 수 있었던 인접국들은 러시아 경제와 안보를 우선시하고 러시아 외교 정책에 종속된 불투명한 정부 체제를 이미 갖추고 있다.

모름지기 푸틴은 지금도 미국을 러시아 안보와 지정학적 위치를 가늠하는 잣대로 여기고 있다. 2010년대 안정된 원자재 가격과 고학력 인구를 두고도 그는 러시아 경제를 현대화하려고 애쓰기보다 미국 못지않은 강대국, 특히 '여전히' 강하다고 믿는 군사 강국의 외형을 유지하는 데만 골몰했다. 푸틴의 최우선 과업은 미국과 어깨를 나란히 하는 데 필요한 핵무기와 재래식 전력의 현대화다.

스스로 두른 철의 장막 뒤에서

미국이 계속해서 자국을 위협하고 있다는 끈질긴 집착, 우크라이나를 바로 세워 더 큰 러시아를 재건하겠다는 광적인 믿음, 그리고 20년 이상 집권한 자신의 권력에 걸맞은 유산을 남기겠다는 굴곡진 결심은 푸틴 대통령 스스로 재앙적인 주사위를 굴리게 만들었다. 2022년 2월, 우크라이나 정부를 전복시키고 러시아로 다시 흡수하기 위해 '특별 군사 작전'을 자행한 일은 그가 저지른 수많은 실수 중 가장 최근의 것일 뿐이다.

2004년 대선 정국에서 친러시아 우크라이나인들은 빅토르 야누코비치를 당선시키고자 그의 유력 경쟁자 빅토르 유시첸코를 독살하려다가 실패했다. 다행히 목숨을 건진 유시첸코는 앞서 언급했듯이 '오렌지 혁명'에 힘입은 재선거 끝에 대통령이 됐다. 그러나 재임 기간 국민의 기대에 미치지 못하는 국정 운영으로 2010년 야누코비치에게 정권을 넘겨주고 말았다. 이 기회를 놓칠 리 없는 푸틴은 우크라이나를 러시아에 묶어두기 위해 EU와의 무역 협정을 거부하도록 압력을 가했다. 야누코비치는 푸틴의 요구를 충실히 따랐다. 이에 반발한 시민들이 훗날 '유로마이단 혁명'으로 불릴 대규모 시위를 시작했고, 야누코비치는 결국 탄핵당해 러시아로 도피했는데, 이 과정에서 그의 엄청난 부정부패도 드러났다. 이같은 혼란을 틈타 푸틴은 2014년 2월 흑해로 향하는 요충지인 항구 도시 세바스토폴(Sevastopol)을 시작으로 야금야금 군대를 투입해 우크라이나 영토인 크림반도를 러시아에 병합해버렸다.

그리고 2022년, 푸틴은 과업을 완성할 최적의 시기가 왔다고 판단했다. 미국은 2001년부터 20년을 싸우고도 아프가니스탄 전쟁을 마무리하지 못한 채 2021년 철군을 결정함으로써 전략적 취약점을 드러낸 데다, 점점 커져만 가는 중국의 위협마저 관리해야 할, 지정학적으로 매우 혼란스러운 상황에 빠진 듯 보였다. 하지만 그는 성급했다. 러시아의 지원을 받는 분리주의자들과 8년 동안 싸워오면서 다져진 우크라이나 군대의 단결력과 우크라이나 내부의 정치적 분위기를 심각하게 과소평가했다. 그뿐만 아니라 오랜 유럽 역사를 통해 깨달은, 이웃 국가들의 민주적 권리를 지지하고 권위주의 정치로의 퇴보를 막아내야 한다는 서방 세계의 결의도 너무 쉽게 생각했다.

러시아의 우크라이나 전면 침공은 나토가 더욱 단합하는 계기로 작용했고, 이전까지만 해도 중립을 고수하던 북유럽 국가 핀란드와 스웨덴까지 나토에 가입하는 결과를 낳았다. 나아가 미국과 함께 EU 회원국들을 포함한 대부분 유럽 국가들은 각국이 보유한 러시아 중앙은행의 자산과 준비금을 동결하고, 러시아 은행들을 상대로 국제 은행 간 통신 시스템인 '스위프트(SWIFT)' 접근을 차단하고, 러시아산 원유 수입 및 첨단 기술 수출에 대해 금수 조치를 취하는 등 유례없는 제재를 가했다. 이와 별개로 독일은 불편을 감수하면서까지 자국과 인접국에 러시아산 천연가스를 수송하는 '노르트스트림(NordStream)' 파이프라인을 전부 폐쇄한 뒤 대체 공급원으로부터 가스를 수입하고 있다. EU는 우크라이나를 회원국으로 받아들이겠다고 약속했으며, 나토는 2023년 7월 리투아니아 빌뉴스(Vilnius)에서 열린 정상회의에서 '우크라이나-나토' 위원회를 신설해 동맹국과 키이우 사이에 긴밀하고 정기적인 군사 공조를 가능하게 했다. 이로써 러시아는 2022년 푸틴의 책사 세르게이 카라가노프(Sergei Karaganov)가 "반러시아 국경"이라고 묘사한 곳들에 둘러싸이게 됐다.

러시아와 이웃 유럽 국가들과의 관계는 박살났다. 내가 이 글을 쓰는 지금도 전쟁은 계속 진행되고 있으며, 푸틴이 크렘린에 있는 한 적어도 격렬한 수준의 분쟁은 유지될 가능성이 크다. 사실상 푸틴은 새로 병합한 우크라이나 영토를 포기하고 살아남을 수없다. 한편으로 우크라이나 정부나 유럽 국가들도 더 많은 공격의 빌미가 될 것이기에 푸틴이 승리를 주장하도록 내버려둘 수 없다. 정전이나 휴전이 이뤄지더라도 러시아의 전쟁 범죄에 대한 책임과 우크라이나 재건에 따른 배상 문제를 두고 오랜 기간 소송이 이어질 것이다. 그나마 가장 낙관적인 시나리오에서도 유럽 국가들은 2000년대로 회귀해 에너지 안보를 이유로 러시아에 다시 의존하는 상황을 수용할 용의가 없다. 러시아가 계속 서방 세계와 대결해주기를 바라는 푸틴 지지자들, 독일에서 '푸틴 이해자(Putin Versteher)'라고 불리는 대중과 정치인들은 소수 급진파로 전락했고, 설령 이들이 미래에 정치적 혼란을 초래할 수는 있더라도 시계를 2021년으로 되돌릴 수는 없다.[3] 독일과 스페인 말고도 역사적으로 러시아에 양면적 태도를 보였던 국가들 모두 푸틴의 행동과 러시아 군대의 만행을 목격한 뒤 등을 돌렸다. 프랑스 에마뉘엘 마크롱(Emanuel Macron) 대통령도 우크라이나의 EU 및 나토 가입 지지로 노선을 바꿨다.[4]

지난 냉전 동안 소련에 의해 분열되고 중무장을 강제당한 유럽 가장자리 국가 우크라이나는 과거 독일 통일을 열망하고 미국과 동맹국들의 지지를 받았던 서독처럼 될 수도 있다. 비록 EU와 나토의 회원국이 되기까지 수많은 난관이 기다리고 있으나 그 가능성은 어느 때보다 높다. 그렇지만 러시아는 스스로 두른 철의 장막, 자국의 서쪽 심장부에 이전보다 훨씬 더 가까워진 새로운 철의 장막 뒤에 서게 될 것이다.

불길에 기름 붓는 푸틴의 정책

푸틴의 행동과 서방의 대응을 고려할 때 현재 러시아, 유럽, 미국 사이의 새로운 대치 상황은 지난 냉전의 수많은 메아리를 담고 있다. 그런데 힘의 균형은 근본적으로 달라졌다. 푸틴 정부의 러시아에는 그 옛날 소련이 유럽에서 가졌던 군사적 우위가 없다. 푸틴의 크림반도 병합 직후인 2014년 3월 오바마 대통령은 러시아를 일컬어 "강한 힘이 아닌 약한 힘으로" 이웃 국가들을 위협하는 "변두리 강대국"이라고 비판했다. 이어서 오바마가 러시아를 국제적 지위에서 강등시키자 푸틴은 격분했다.[5]

그래도 푸틴의 수완만큼은 인정할 필요가 있다. 러시아가 미국을 경제적으로 따라잡거나 군사적으로 맞서지 못하더라도 동맹국과의 관계는 약화할 수 있다. 러시아도 나름의 비대칭 전력이 있다. 특히 정보전에 능숙하다. 허위 정보 유포는 지난 냉전 시대 소련의 주특기였다. 오늘날 미국 내부의 정치적 갈등과 AI로 조작한 가짜 뉴스가 활개치는 소셜 미디어 플랫폼은 러시아가 양당의 당쟁을 증폭해 공세를 펼칠 수 있는 동기와 장을 제공했다. 2014년 러시아 용병 기업 '바그너그룹(Wagner Group)'의 설립자이자 2023년 여름까지 푸틴의 충실한 측근이었다가 쿠데타를 일으키고 이후 의문의 죽음을 맞이한 예브게니 프리고진(Yevgeny Prigozhin)이 심혈을 기울였던 것도 이 분야다. 그의 '인터넷리서치에이전시(Internet

Research Agency)'는 직원 수백 명이 가짜 얼굴을 제작하거나 댓글 부대로 검색 엔진 결과까지 조작하는 일명 '트롤 공장(Troll Factory)'으로 활동했는데, 무려 1억 2,600만 개의 페이스북 계정을 확보해 2016년 미국 대선에 개입했다가 발각돼 2018년 미국 법무부로부터 기소를 당하기도 했다. 심지어 도널드 트럼프가 당선된 이후에는 같은 날 뉴욕에서 그를 지지하는 집회와 반대하는 집회를 동시에 주최하는 등 온갖 기상천외한 방식으로 미국 내부를 이간질하고자 안간힘을 썼다.[6]

러시아는 전 세계에 걸친 미국의 기동력을 방해하는 데도 갖은 노력을 다하고 있다. 푸틴은 2013년~2015년 민중 봉기 이후에도 정권을 유지 중인 시리아의 독재자 바샤르 알아사드(Bashar al-Assad) 대통령과 지중해 연안 러시아 주요 해군 및 공군 기지를 방어하던 기조에서 벗어나 이제는 아예 걸프 지역을 비롯해 중동의 더 넓은 권력의 통로로 러시아를 재진입시켰다. 2016년 기존 '오펙(OPEC/석유수출국기구)' 회원국에 러시아, 카자흐스탄, 멕시코 등 주요 산유국을 더한 '오펙플러스(OPEC+)'가 구성되자 러시아는 사우디아라비아 등과 석유 생산량을 더욱 긴밀히 조율할 수 있게 됐고 석유 수출은 물론 글로벌 경제에 대한 영향력도 한층 강력해졌다.

푸틴과 그의 모든 민간 군사 기업(이들이 러시아 정부의 전폭적인 지원을 받는다는 것은 공공연한 사실)은 미국의 관심이 중국과 우크라이나에 집중된 틈을 타 아프리카와 중남미를 포함해 자원이 풍부한 세계 곳곳에 촉수를 뻗치고 있다. 푸틴은 2021년~2023년 사하라 사막 주변 사헬(Sahel) 지역 전역의 이슬람 무장 세력과 극심한 빈곤 문제에 시달리는 취약한 국가들뿐 아니라, 과거 유럽의 식민지였고 소련이 독립 운동을 지원했던 아프리카 국가들을 이용해 일련의 쿠데타를 기획하거나 지지해왔다. 바그너그룹은 무자비한 용병 부대와 더불어 능숙한 정보 작전으로 군부 쿠데타 세력을 지원하는 한편 석유, 가스, 귀금속 사업을 통해 러시아로 자금을 빼돌렸다.

사헬 지역에서 증가한 러시아의 영향력은 아프리카 북쪽으로 불법 이민을 유도하거나, 녹색 전환을 위한 제품 판매를 방해하거나, 신규 에너지 공급망을 차단하는 식으로 푸틴에게 유럽의 불안정을 초래할 주요 수단을 제공한다. 최근 러시아가 지원한 군부 쿠데타로 망가진 니제르(Niger)는 나이지리아가 유럽에 공급하기를 희망했던 천연가스의 중요한 운송로이자 유럽 원자력 발전에 없어서는 안 될 우라늄의 주된 공급원이었다.

푸틴은 유럽의 교착 상태가 심화하는 상황을 보고 자신의 전술이 먹혔다고 자화자찬할지 모르겠지만, 이 같은 행위는 장기적으로 러시아의 우크라이나 전면 침공만큼이나 전략적 역효과를 가져올 게 확실하다. 2015년 이후 푸틴의 행보는 미국을 분열시키기는커녕 오히려 의회에서 공화당과 민주당 대다수 의원이 자신의 대항 세력으로 결집하도록 만들었다. 비록 공화당 내 트럼프 지지자들은 우크라이나를 실패한 국가로 간주하고 볼로디미르 젤렌스키

(Volodymyr Zelensky) 대통령을 트럼프가 비꼬는 '바이든 범죄 가족'과 연결 짓지만, 푸틴 대통령에 반대한다는 측면에서는 공감대를 형성하고 있다. 트럼프 대통령이 백악관에 있던 기간 동안 미국이 러시아에 대한 제재를 강화했고, 오바마 행정부 때의 유럽 억제 계획 예산을 세 배나 늘렸다는 점도 주목할 만한 대목이다.[7]

유럽 각국은 경제 통합과 정치 공조 수준을 강화하는 방식으로 러시아의 새로운 위협에 대응하고 있다. 대부분 유럽 정부는 장기적 관점에서 석유와 가스 수입 루트를 다변화했다. 많은 국가가 수입한 LNG(액화천연가스)를 재가공하기 위한 새로운 공장과 여러 곳으로 수송하는 새로운 파이프라인을 건설하고 있다. EU 회원국들은 녹색 전환에 필요한 친환경 재생 에너지 프로젝트에 투자할 자금을 마련하고자 녹색 채권을 발행했다. 국방 예산을 확충하는 동시에 탄약과 군사 장비를 보강할 새로운 공동 기구도 마련했다. 바그너그룹 용병 부대가 2023년 6월의 짧은 반란 직후 폴란드와 인접한 벨라루스로 거점을 옮기자, 그동안 법치주의가 후퇴하고 있다는 우려 속에서 EU와 갈등을 빚어온 폴란드에도 정치적 지지가 쏟아졌다. 브렉시트 이후에도 EU와 크고 작은 공방을 이어가던 영국도 우크라이나를 지원한다는 대의 아래 힘을 보탰다.

푸틴과 측근들은 지난날의 실패나 앞날의 좌절 가능성은 아랑곳하지 않은 채 밀어붙이기만 한다는 점에서 구시대의 전사들이라고 할 수 있다. 2023년 4월 국정 연설에서 푸틴은 러시아가 나토와 명운을 건 전쟁을 치르고 있다는 생각을 시민들에게 주입했다. 그도 그럴 것이 푸틴의 관점에서 본래 목표 달성에 실패했음을 드러내는 타협안을 선택하기보다 끈질긴 적에 맞서 싸워야 한다는 쪽으로 국민의 관심을 집중시키면 내부 정치 통제를 강화하고 자신의 입지를 공고히 할 수 있었을 테다. 그렇기에 한편으로 우크라이나 침공은 러시아에 불고 있는 민주주의 바람을 잠재워 정부 비판을 차단하고, 청년들에게 국수적 승리주의와 서방 세계를 향한 혐오를 주입해 러시아를 명실상부한 독재 국가로 이끌 기회로 작용했다.[8]

지난 냉전 시대에 중국이 소련으로부터 사회 통제 기술을 배웠다면, 지금 러시아는 중국으로부터 현대 미디어와 디지털 감시 도구를 활용해 자국민을 진실에서 체계적으로 격리하는 기술을 배우고 있다. 이 또한 신냉전과 구냉전의 또 다른 중요한 차이를 몰고온다. 푸틴은 러시아의 경제뿐 아니라 외교 정책 방향도 유럽에서 중국으로, 그리고 중국을 통한 글로벌 사우스 국가들로 전환하고 있다.

새롭게 축을 이룬 러시아와 중국

푸틴은 수많은 이웃 국가가 장기적으로 러시아의 경제와 안보에 위협이 될 게 명확한데도 지난 냉전의 기억 때문에 중국과 더 긴밀한 연대를 추구하고 있다. 그리고 중국의 부상에 맞서려는 미국의 단호한 의지를 고려하면 중국의 관점에서도 러시아와 협력하는 것이 이해관계에 들어맞는다.

지난 냉전 기간 대부분, 특히 '중소 분열'을 초래한 스탈린 사망 이후 기간은 물론 이미 수 세기 동안 4,300킬로미터에 달하는 기나긴 국경을 사이에 두고 펼쳐졌던 경쟁을 떠올리면, 양국이 아직도 서로 의심을 거두고 있지 않은 것도 사실이다. 소련이 해체된 이래 러시아는 광대한 러시아 영토에 인접한 국가들, 잘 발달한 도시와 많은 인구를 갖고 있으면서 늘 여행객으로 북적이는 유럽 국가들에 의존해야 하는 상황을 몹시 두려워하고 있다. 더욱이 구소련 위성국이었던 중앙아시아 국가들 사이에서도 발전 경쟁이 치열하다. 오늘날의 지정학은 점점 더 중국과 러시아를 한 축으로 묶어가고 있으며, 러중 양국 역시 미국과 동맹국들이 자신들의 영향권 안으로 다가오는 것을 두려워하고 있다.

러시아와 같은 맥락으로 중국도 자국이 정한 제1도련선을 따라 마치 포위하듯 군대를 배치한 미국의 방식에 분개하고 있다. 제1도련선은 중국 인근 태평양 지역의 섬을 사슬처럼 이은 가상의 경계선으로, 일본 규수 아래 오키나와를 포함한 류쿠(琉球) 열도를 시작으로 대만을 안쪽에 포함한 상태에서 아래로 내려와 필리핀 북부 작은 섬들을 지나고 인도네시아 북쪽과 말레이시아 서쪽을 휘감은 뒤 베트남 인근 해역까지 이어진다. 중국은 미국의 '냉전적 사고'를 비판할 때 지난 냉전 이후 유럽의 나토 확대를 미국이 지원했다는 사실과 아시아-태평양 지역에서 동맹국들과 안보 연대를 강화한 바이든 행정부 정책 사이의 유사점에 주목한다.

자신들이 적대국으로 설정한 미국을 상대로 중국과 러시아가 은유적이든 실질적이든 등을 맞대고 있는 데는 그들 나름의 분명한 논리가 있다. 시진핑 주석은 2023년 3월 20일부터 22일까지 2박 3일 일정으로 모스크바를 방문해 중국과 러시아 관계의 중심을 재확인했다. 2022년 2월 4일, 양국 우호 관계에 제한이 없고 서로 금지한 협력 영역도 없다는 러중 공동 성명은 이미 다양한 형태로 구체화하고 있다.

대만 해협에서 공동으로 해상 및 공중 순찰을 벌인 러중 양국은 자국 인근을 넘어 전 세계 곳곳에서 합동 군사 훈련을 시행하고 있으며, 2023년 2월에는 동지중해에서 남아프리카공화국 해군과 합류한 뒤 더반(Durban) 항구에 집결해 인도양에서 러시아-중국-남아공 3자 연합 훈련도 실시했다.[9] 2017년~2021년 중국 방위 산업 수입 81%를 차지할 정도로 러시아는 중국의 최대 방산 공급국이었다. 이제는 거꾸로 우크라이나 전쟁에 필요한 드론이나 반도체 같은 군민 양용 기술 및 부품 조달이 절실해지면서 중국 기업의 중요성이 점점 더 커지고 있다. 과거 중국에 첨단 군사 기술을 제공하기를 꺼린 것도 옛날이야기가 됐다. 중국과의 거래로 더 많은 이

득을 볼 수 있다는 유혹에 빠져든 지 오래다.[10]

경제 지표로 러중 무역 수치는 2018년 1,070억 달러에서 2023년 두 배가 오른 2,200억 달러로 역대 최고 수준을 기록하면서 확실히 상승 추세에 접어들었다.[11] 지난 냉전 때와 달리 중국은 러시아와 최소한 대등한 관계를 이뤘고, 조만간 경제 관계에서 전략적 우위를 점할 수 있다는 확신 아래 교류를 이어갈 것이다. 일례로 우크라이나 침공으로 유럽이 러시아에 대규모 경제 제재를 가한 이후 그 빈자리를 재빨리 중국산 자동차가 대체하고 있다. 중국 자동차 점유율이 2021년 7%에서 2023년 49%로 무려 일곱 배 증가하면서 1990년대 이래 러시아 시장을 장악해온 유럽 자동차 브랜드를 빠르게 밀어냈다. 2023년 7월에는 모스크바 시장 세르게이 소뱌닌(Sergey Sobyanin)이 르노(Renault)가 소유하던 자동차 공장의 국유화로 구소련 시절 모스크비치(Moskvich) 브랜드가 부활하게 됐다고 한껏 자랑했는데, 사실 르노 공장에서 생산한 자동차에도 중국산 엔진과 부품이 잔뜩 들어가 있었다.[12]

이 밖에도 러시아는 유럽과 단절된 천연가스 공급 수요를 중국과 아시아에 돌려 손실을 메우기 위해 파이프라인 공급망을 기존 동서축에서 남북축으로 신속히 전환해야 하는 상황에 직면해 있다. 이 또한 고맙게도 중국이 2022년 2월부터 1년 동안 러시아산 석유, 석탄, LNG 수입 및 파이프라인 이용에 880억 달러를 지출했으며, 이전 1년 동안 지출한 570억 달러보다 훨씬 증가한 액수다.[13] 지금까지 '실라 시비리(Sila Sibiri/시베리아의 힘)' 파이프라인을 통해 중국이 수입한 연간 400억 세제곱미터의 두 배가 될 것으로 예상하는 두 번째 파이프라인 '실라 시비리 2'에 대한 건설 논의도 한창 진행 중이다. 중국은 러시아가 급속한 온난화에 맞춰 새롭게 추진하는 북극해 항로 개발에 필요한 항만 건설 사업에도 막대한 자금을 투자하고 있으며, 이를 수에즈 운하보다 더 빠르고 저렴하게 중국산 및 기타 무역품을 유럽에 운송할 대안으로 기대하고 있다.[14]

러시아와 중국의 이 같은 전략적 제휴는 지정학적으로 중대한 결과를 가져올 것이다. 그런데 이들의 미국과 동맹국과의 경쟁에는 순수한 지정학적 차원을 넘어서는 또 다른 차원이 존재한다. 그것은 다름 아닌 21세기를 지배할 정치적 거버넌스와 국제 질서 비전이 어느 쪽에 있는지다.

제5장

신냉전의
이데올로기

★

　정치 이데올로기는 신냉전에서도 중심 역할을 할 것이다. 다만 구냉전 때와 차이라면 베이징과 모스크바 지도자들이 더는 공산주의 이데올로기를 내세우지 않는다는 점이다. 그 대신 그들은 대내외적 전복 시도로부터 자국의 주권을 보호하겠다는 결의로 단결하고 있다. 러중 양국은 대내적으로든 대외적으로든 자신들이 지지하는 정부나 정책 모두에서 개인의 권리보다 국가의 권리를 우선시한다.

　이는 서방 세계의 체제에 결함이 있다고 생각할뿐더러 위협으로 간주하는 그들이 미국 및 동맹국과 경쟁할 수밖에 없는 동인으로 작용한다. 중국과 러시아 지도부는 민주주의 정부 체제가 국가 권력을 약화한다고 믿는다. 2021년 1월 6일 트럼프 지지자들의 국회의사당 습격 사건을 비롯한 미국의 정치적 교착 상태는 미국과 유럽이 아프가니스탄, 이라크, 리비아에 민주주의를 뿌리내리지 못한 실패와 더불어 그들의 믿음을 확인시켜줬다. 반면 민주주의 지도자들은 절대 권력을 휘두르는 독재 정부 스스로 몰락의 씨앗을 품고 있으며, 피할 수 없는 사태를 막기 위한 궁여지책으로 모험주의에 의지하는 경향이 있다고 여긴다. 가장 최근 사례가 푸틴의 우크라이나 침공이다.

이와 같은 두 정부 체제 사이의 경쟁은 과거 소련과 미국이 연극적 배경으로 자주 활용했던 유엔으로까지 확산했다. 중국은 유엔이 개인의 권리보다 회원국 정부의 권리를 우선시하도록 제도의 근간이 되는 규정을 바꾸고자 지속적인 노력을 기울이고 있다. 이런 행보는 중국의 글로벌 영향력이 커지는 데 대한 서방 세계의 우려를 증폭시켰디.

개인의 권리보다 국가의 권리가 우선이다

양국 우호 관계에 제한이 없다고 선언했으면서도 중국은 러시아에 무기를 제공하거나 크렘린이 금융 제재를 피할 수 있도록 돕는 식으로 우크라이나 전쟁을 지원하지는 않았다. 시진핑은 신중히 처신했다. 그 덕분에 바이든 행정부가 러시아의 전쟁 노력에 힘을 보태는 국가 및 단체에 제재를 가하려고 설정한 한계선은 넘지 않을 수 있었다.

하지만 그러면서도 나토의 도발 때문이라는 러시아 정부의 주장에 침묵으로 일관하고 우크라이나에 미국 소유의 생물학 무기 실험실이 있다는 음모론을 앵무새처럼 반복함으로써 미국과 동맹국이 중국을 더 부정적으로 인식하게 했다. 설령 우크라이나 전쟁이 종식되는 데 중국이 어떤 역할을 하더라도 베이징과 모스크바의 긴밀한 협력은 또 다른 방식으로 이어져 신냉전 구도를 유지하게 될 것이다. 중국과 러시아의 동반자 관계는 단순한 지정학이 아닌 이데올로기에 관한 것이기 때문이다.

중국과 러시아 지도부는 이전처럼 마르크스-레닌주의 세계관을 맹목적으로 옹호하지 않는다. 오히려 과거의 굴욕을 분노로 승화한 민족주의와 역사를 바로잡겠다는 의지에 기반한 보복주의가 훨씬 더 강력한 연결 고리가 됐다. 그리고 무엇보다 양국의 역사는 외부 개입으로부터 주권을 보호하려면 강대국이 될 수밖에 없다는 확신을 심어줬다. 국가적 리더십이 내부 정치 경쟁에 끊임없이 매몰되는 한 강대국으로 가는 길은 아득히 멀어질 것이다. 베이징과 모스크바 지도자들에게 자유를 약속하는 민주주의 통치 체제의 근간인 입법부, 행정부, 사법부의 삼권 분립과 활기차고 독립적인 시민 사회 및 언론의 존재는 국내 불안의 원천이다. 2016년 6월 23일 EU 탈퇴 여부를 두고 실시된 영국의 국민투표, 경제 및 외교 정책을 놓고 벌어지는 EU 내부의 끝없는 아귀다툼, 2021년 1월 6일 대선 결과에 불복한 시민들의 워싱턴 DC 폭동은 모두 그들에게 민주주의가 내포한 역기능을 확인시켜준 사건들이었다. 더욱이 2000년부터 계속된 서방 세계의 실패, 즉 분쟁국들에 민주주의를 정착시키려다 번번이 고배를 마신 서구의 노력은 베이징과 모스크바 지도자들의 민주주의 확산 억제 의지를 더욱 굳어지게 만들었다.

두 나라 모두 사실상 중국공산당과 통합러시아당 단일 정당 체제로 자국의 이익을 대변하고 국정을 이끈다. 통합러시아당의 경우 야당 집단에 대항해 매번 선거를 치르지만, 어디까지나 명목상일 뿐 야당의 집권 경로는 원천적으로 차단돼 있다. 몇몇 야당이 소수 의석을 확보하고는 있으나 진정한 의미의 정치적 반대 목소리는 내지 않는다. 언론도 똑같은 상황인 데다, 우크라이나 침공 이후에는 중국 못지않게 엄격한 통제를 받고 있다.

공통점은 또 있는데, 양국의 당 지도부가 모든 의사 결정에서 최상단에 있는 단 한 사람의 지도자를 중심으로 조직돼 있다는 것이다. 러시아는 푸틴이 그 중심이다. 2000년 4년 임기로 대통령에 당선된 그는 2004년 연임에 성공해 2008년까지 8년 동안 집권했고, 이후 중임은 허용하되 세 번 연임은 금지한 헌법 조항에 따라 물러나 이번에는 총리로서 4년 동안 실세를 유지했으며, 2012년 다시 당선돼 크렘린으로 돌아온 뒤 6년 임기로 헌법을 개정해 2018년까지 임기를 채우고는 또 연임해 2024년까지 대통령 자리를 보전했다. 그 사이 2020년 또다시 헌법을 개정했는데, 2024년 대선부터는 기존 재임 횟수를 0으로 초기화하고 세 번 연임을 허용한다는 조항이 추가됐다. 이미 푸틴은 러시아 내 모든 권력 기관을 장악했기에 곧 치러질 2024년 대선에서 마치 처음 출마한 듯 새롭게 대통령이 될 것이다(2024년 3월 15일~17일 실시된 대선에서도 푸틴이 87.28% 득표율로 당선됐다_옮긴이). 그리고 두 번 더 대통령을 할 수 있으니 아마도 신변에 문제가 없는 이상 2036년까지 권력을 유지하게 될 것이다.

중국도 중국공산당 일당 통치에서 시진핑 일인 통치로 전환한 것이 가장 두드러진 변화다. 문화대혁명의 혼란 이후 중국공산당은 '위대한 조타수' 단 한 사람에게 의지하는 위험을 피하고자 당 지도부를 더 체계적으로 집단화했다. 정부 주석과 국가 원수 역할을 겸하는 중국공산당 중앙위원회 총서기 임기는 5년 연임으로 제한했다. 총서기는 두 번째 임기를 시작할 때 후임자를 중앙정치국 상무위원으로 임명한다. 중국에는 민주적 선거제가 없는 대신 덩샤오핑에서 장쩌민(江澤民), 후진타오(胡錦濤), 시진핑에 이르기까지 권력을 이양받은 지도자 스스로 최고 권력을 견제하고 국가의 미래를 관리할 방안을 모색하도록 당내 경쟁을 장려했다.

그러나 2018년 3월 시진핑 주석의 두 번째 임기가 공식적으로 시작되자 중국공산당은 당헌에 명시한 임기 5년 연임 제한 규정을 삭제함으로써 그가 중앙위원회 총서기와 중앙군사위원회 주석을 무기한 겸직할 수 있는 길을 열어줬다. 이 같은 변화에는 여러 이유가 있을 텐데, 경제 개방에 따른 무질서한 호황 이후 늘어가는 내부 부정부패에 맞서 중국공산당이 통제권을 재확립해야 한다는 생각과 함께, 지정학적 긴장이 고조되고 있는 국제 정세에서 일관된 리더십을 확보하는 것이 잠재적 위험에 대처하는 것보다 더 중요하다고 판단했을 것이다. 중국공산당이 2017년 10월 제19차 전국인민대표대회(全国人民代表大会)를 개최해 당헌을 개정하면서 "당, 정부, 군, 민간, 학계와 동, 서, 남, 북, 중앙을 막론하고 당이 모든 것을 주도한다"고 발표한 것은 그 어떤 도전에도 굴복하지 않겠다는 선언이었다.[1]

시진핑이 자신과 충성스러운 추종자들을 중심으로 어느 수준까지 권력을 중앙으로 집중시켰는지는 알기 어렵지만, 대다수 평론가는 그가 이미 중앙집권화에 성공했다고 본다. 한 가지 주요 징후는 이른바 '시진핑 사상'으로 알려진 '중국몽'을 어떻게 달성할지에 관한 그의 글과 연설이 이미 '마오쩌둥 사상'과 같은 반열에 올라 두 사람이 정치적으로 동등해졌다는 것이다.[2] 오래전부터 중국 시민들은 법치주의가 아니라 중국공산당이 법치로 규정하는 모든 것에 통치를 받아왔다. 시진핑이 당을 완전히 장악한 오늘날 중국의 법치는 시진핑에 의한 통치를 의미한다.[3]

삼권 분립을 근간으로 한 법의 독립성과 시민 사회의 강력한 견제가 법치의 기본적 보호와 제도적 발판을 제공하는 자유민주주의와는 정반대다. 자유민주주의 국가에서 법은 국내법을 준수하고 국제법의 영향을 받는 법원을 통해 유지되며, 정부는 개인의 권리를 보호하고 남용되지 않도록 보장한다. 우리 권리는 '세계인권선언(UDHR)'과 '유럽인권협약(ECHR)'은 물론이거니와 모든 민주주의 국가의 헌법과 법률에 명시돼 있다. 행정부의 불법적인 간섭으로부터 입법을 보호하고 국가의 약탈로부터 개인을 보호한다. 개인과 기업의 재산을 국가의 점유로부터 보호하고, 시민 사회와 언론을 정부와 집권당으로부터 보호함으로써 투명성을 증진하고 부정부패를 방지한다. 이 같은 견제와 균형 체계가 자유민주주의 국가의 상대적 경제 성과를 뒷받침하고 대부분 독재 국가와 비교해 더 안정된 정치를 보장해왔다.

시진핑 체제 아래 최근 중국이 경제적·정치적 안정을 이뤘다고 해서 즉시 실행 가능한 대안이 있는 것은 아니다. 중국공산당이 1949년부터 1980년까지 중국 인민을 학살하고 비참한 가난의 구렁텅이로 몰아넣었다는 사실을 기억할 필요가 있다. '대약진 운동' 때문에 수천만 명이 기근으로 굶어 죽었고, '문화대혁명'으로 수백만 명이 죽임을 당했다. 1989년 천안문 광장에 모인 대중을 폭력으로 제압한 것도 중국공산당이었다. 하지만 이후 34년 동안 중국공산당은 간헐적인 사회적 혼란을 겪으면서 중국의 1인당 GDP를 310달러에서 1만 2,000달러로 끌어올리는 데 성공했다. 물론 인상적인 업적이긴 하지만, 그렇다고 중국 정치 체제의 우월성이나 지속 가능한 효율성이 증명된 것은 아니다.

국내 불안을 외국을 이용해 해결하려 해

오늘날 독재 국가를 비판할 때 가장 핵심이 되는 부분은 독재 정부 스스로 몰락의 씨앗을 품고 있는 데다 결국에는 독재자 한 사람 때문에 시민 저항이 일어나고 폭력적 소요 사태로까지 번진다는 것이다. 식민지에서 독립한 이라크, 시리아, 짐바브웨 등 국가의 지도자들 모두 정국을 안정시키기보다 권력을 붙잡는 데 더 많은 시간과 돈을 썼다. 나치의 독일이든, 차르의 러시아든, 황제의 청나라든 할 것 없이 모든 제국주의 국가는 전쟁과 혼란 속에서 막을 내렸다. 독재 정권에서는 그렇지 않다는 사실이 드러날 때까지 모든 게 괜찮아 보인다. 하지만 1927년 어니스트 헤밍웨이(Ernest Hemingway)가 소설 《태양은 또다시 떠오른다(The Sun Also Rises)》에서 묘사했듯이 "서서히, 그러다 갑자기" 무너진다. 인류 역사에서 독재자가 권력을 매끄럽게, 피를 보지 않고, 더구나 민주주의 국가에 이양한 사례는 거의 찾아볼 수 없다. 칠레의 아우구스토 피노체트(Augusto Pinochet)와 스페인의 프란시스코 프랑코(Francisco Franco) 정도만 예외라고 할 수 있다.

일당 일인 독재 체제가 내재한 불안 요소를 고려할 때 독재자들은 자신이 틀어쥔 권력에 내부 위협이 없게끔 하는 데 대부분 시간과 국가 자원을 낭비한다. 중국의 경우 국내 안보 예산이 국방 예산보다 약 7% 더 많다고 추정된다.[4] 그리고 내부 반란은 때때로 외부 지원을 통해 일어나므로, 국내 권력에 대한 외부 위협을 줄이는 데도 적지 않은 시간과 돈을 소비한다.

현재 중국과 러시아는 자국 정치 체제에 관용적인 국제 환경을 구축하고자 애쓰고 있다. 시진핑과 블라디미르 푸틴은 더 민주적이고 다극적인 세계, 달리 말해 미국에 끌려다니거나 지배받지 않고 더 많은 목소리를 내는 세계를 만들고 싶다고 주장하곤 한다.[5] 그럴듯하게 들리기는 하지만 의사 결정 자리에 앉은 다른 정부들이 자국민의 의지나 이익을 대변하는 데는 전혀 관심이 없다는 본심은 숨기고 있다. 두 사람이 그저 자신들의 독재 체제에 안전한 세상을 바랄 뿐이다.

러중 양국의 우선순위는 국내 통치 기반 및 국제 질서에 대한 접근 방식이 자국과 일치하는 나라를 되도록 많이 주변으로 끌어들이는 것이다. 중국이 베네수엘라나 짐바브웨처럼 국가 발전은커녕 자국민의 인권까지 짓밟는 독재 국가들에 기꺼이, 심지어 빚을 갚을 능력조차 없다는 사실을 뻔히 알면서도 서슴지 않고 재정적·정치적 지원을 아끼지 않는 이유가 여기에 있다. 중국과 러시아가 그들 나라와 소통할 때 내세우는 주요 메시지도 국가의 주권이기 때문에 어지간하면 내정 간섭은 하지 않는다.

그런데 위선적이게도 민주주의 확산을 막기 위해서라면 주저 없이 다른 국가의 내정에 간섭한다. 중국은 2020년 11월의 총선 결과에 불복해 쿠데타를 일으켜 민주주의 정권을 무너뜨린 미얀마 군부를 아낌없이 지원했고, 북한 독재자 김정은의 살인적인 정권도 계속 지지하고 있다. 이란에서 정권 퇴진을 외친 민주화 운동이 일어났을 때도 중국은 러시아와 함께 독재 정부를 물질적으로 지원했다. 2000년대 우크라이나, 조지아, 아르메니아 등 곳곳에서 일어난 갖가지 '색깔' 혁명을 속수무책으로 바라본 뒤 시리아 민중 봉기에서 바샤르 알아사드 정권이 살아남도록 도운 러시아는 이후 더 적극적인 전략으로 방향을 선회했다. 러시아에 전략적으로 중요한 아프리카 국가들의 쿠데타를 유도하는 한편 쿠데타 세력이 계속 권력을 유지하도록 용병을 파견해 지원하고 있다.

러시아와 중국은 민주적 국제 관계를 자신들 입맛대로 해석하면서, 큰 나라와 친하게 지내면 그 규모와 권력을 업고 특권을 누릴 수 있다고 이들 정부를 꼬드긴다. 푸틴은 우크라이나의 빅토르 야누코비치나 벨라루스의 알렉산드르 루카셴코(Alexander Lukashenko) 등 그들 국가가 망가지든 말든 자신에게 충성을 맹세하고 민주주의만 막는다면 무조건 지지하고 지원한다. 몰도바의 트란스니스트리아(Transnistria)나 조지아의 남오세티아(South Ossetia)와 압하지야(Abkhazia)처럼 충성심이 다소 의심스러운 미승인국들의 분리주의 운동도 이용 가치가 있다고 여겨서 지지한다. 중국은 남중국해 영유권 분쟁을 당사국 간 협의로 풀어야 한다면서도, 자국에 유리한 협상을 끌어내려고 물밑 작업을 계속하고 있다.

베이징과 모스크바가 국제 질서 유지 방법을 바라보는 시각은 민주주의적 접근 방식, 즉 설령 결함이 있더라도 민주적 통치가 세계 각국이 장기적·지속적으로 번영할 유일한 체제라고 보는 관점과는 정반대다. 제2차 대전 직전 나치주의와 전체주의가 득세한 유럽 역사를 통해 얻은 중요한 교훈은 민주주의 체제가 개인과 사회 그리고 국가에 좋을 뿐만 아니라 전쟁 위험도 줄여준다는 점이다. 일반적으로 권위주의 독재자들은 내부 불안을 외부로 표출한다. 달리 말해 자국 문제를 외국을 이용해 해결하려고 든다. 푸틴이 유럽 중부 및 동유럽에 완충국을 세우려는 것도, 나토가 러시아를 공격할 수 있다는 믿음은 자기기만일 뿐 사실 자신의 독재 정권에 위협이 될 민주주의 정부 세력을 러시아로부터 멀리 떨어뜨려 놓고 싶어서다. 독재자들은 권력 걱정이 커지면 커질수록 밖으로 눈을 돌린다. 우크라이나 침공처럼 대외적으로 상황을 변경해 대내적으로 입지를 강화하려는 유혹에서 벗어나지 못한다.

시진핑은 2049년까지 중국 본토와 대만이 통일해야 한다고 주장했다. 그때까지 살아있다면 시진핑은 100세를 앞둔 나이가 된다. 그렇게 오래 기다릴 수 있을지 생각하면 걱정이 들만도 할 것이다. 어쨌든 시진핑과 중국공산당은 대만을 굴욕의 세기 동안 분열된 중국을 재건할 마지막 퍼즐 조각으로 여기고 있다. 대만의 '중국 복귀'는 중국공산당에 커다란 영광을 가져다줄뿐더러 중국공산당 일당 체제를 끊임없이 위협한 민주주의의 미사일이 제거되는 셈이다. 현재 권력 기반이 비교적 안정적인 시진핑이 향후 몇년 내라도 중국 경제 상황이 악화하거나 정치적 통제력을 잃어간다고 느낀다면, 자신과 당의 입지를 강화하기 위해 대만 흡수를 가속하고자 모든 수단을 동원할 수 있다.

보편적 가치를 위한 싸움

지난 냉전을 끝낸 소련 해체 이후 미국의 패권은 세계 각국에 자유민주주의가 가장 이상적인 통치 이데올로기라는 자극을 심어줬다. 2000년까지 수립된 민주주의 국가는 120개국으로, 이는 유엔이 공인한 지구 전체 국가 가운데 63%이자 역대 최고 수치다.[6]

여기서 멈추리라고 생각할 만한 이유는 별로 없었다. 그러나 대안적 정치 체제를 내세운 중국의 부상과 동시에 번영과 안정의 약속을 지키지 못한 민주주의 정부들의 실패가 잇따랐다. 2008년~2012년 미국과 유럽의 글로벌 금융 위기는 미국식 자유 시장 경제를 향한 믿음을 심각하게 훼손했고, 지극히 방어적인 포퓰리즘 정치의 부활로 이어졌다. 중남미에서는 아르헨티나의 경제 불안이 페론주의 포퓰리즘에 또다시 불을 지폈고, 베네수엘라의 민주주의 또한 우고 차베스(Hugo Chavez)의 후계자 니콜라스 마두로(Nicolás Maduro)에게 저당 잡혔다. 칠레의 중도파 정부가 시행하던 성공적인 경제 모델은 2019년 폭력적인 당쟁과 사회적 혼란 속에 무너졌다. 아프리카에서는 가나와 잠비아 등의 경제 실패에 이어 사헬 지역의 쿠데타로 불안과 부패가 증폭하고 있다.[7] 남아프리카공화국도 인종 분리 정책 '아파르트헤이트(Apartheid)' 종식 이후 여섯 번 연속으로 정권을 잡은 아프리카국민회의(ANC)가 경제난과 정치 불안을 가중하고 있다.

이런 모든 상황은 중국이 "이래도 당신들의 정부 체제가 우리보다 우월하다고 믿는가?", "개인의 정치적 권리를 보호해야 한다는 당신들의 주장은 보편적이기보다 부유층의 사사로운 관점을 반영하는 게 아닌가?"라는 질문을 던지는 빌미가 된다. 중국공산당은 '대중 노선'이라고 말할 수 있는 것, 즉 되도록 많은 인민에게 최상의 결과를 선사할 좋은 정책 방침을 자신들이 추구한다는 데 커다란 자부심이 있다. 그들 관점에서 대중 노선은 모든 인민의 경제적 권리에서 시작된다.[8]

민주주의 체제에서 선출된 지도자가 모든 시민에게 번영을 가져다주는 것이 중요하다는 사실을 부정할 사람은 없겠지만, 기본적으로 민주주의 체제는 개인의 선택이라는 개념으로 출발한다. 국민을 위해 봉사할 정부를 국민 개인이 선택한다. 민주주의 국가에서 국민은 자신들에게 가장 좋은 것이 무엇인지에 대한 정부의 생각을 따르려고 정부를 선택하지 않는다. 국민은 자신들이 바라는 일을 정부가 실행하라고 정부를 선택한다. 다만 그 바라는 일은 국민 각자가 다를 수 있다. 그래서 다수결의 원칙을 기반으로 의사 결정이 이뤄진다. 국민은 투표할 권리, 시위할 권리, 정부를 법정에 세울 권리, 사생활과 개인 정보를 보호받을 권리를 갖는다. 나아가 모든 개인이 중요하므로 민주주의는 소수자의 권리를 보호하고 소외층의 이익을 증진하는 데도 소홀히 하지 않는다. 민주주의는 다수의 횡포를 용납하지 않는다.

민주주의는 지난 50년 동안 여성이 정치적 의사 결정에서 동등한 발언권을 확보하는 데도 크게 이바지했다. 2022년 10월 제20차 전국인민대표대회에서 기존 25명 중 유일한 여성 위원 1명이 빠진 자리를 채우지 않아 24명 전원이 남성이고, 205명으로 고정된 중앙위원회도 여성 위원은 고작 11명뿐이던 중국공산당의 가부장적 체제와 대조된다.[9] 이전에도 중국공산당은 환경 관련 비영리 단체나 공회(노조) 등 여성의 권리를 증진하려는 단체를 탄압하곤 했는데, 이 또한 중국공산당의 정치 권력 독점에 도전하는 것으로 간주하기 때문이다.

중국과 러시아 같은 권위주의 독재 국가는 가부장적 권력과 사고로 무장한 문화적 보수주의를 선호하는 경향이 있다. 러시아의 경우 국교 역할을 하는 정교회도 국가에 봉사한다는 개념이지 민주주의 국가에서처럼 분리된 영역을 이끌지는 않는다. 러시아 정교회 수장 키릴(Kiril) 총대주교는 푸틴이 우크라이나에서 벌이고 있는 전쟁을 적극적으로 지지하는 한 사람이다. 러시아 정교회는 20년 넘게 푸틴 정부로부터 막대한 재정 지원을 받아 국내 입지를 다지고 해외에 파견한 정교회 주교들을 지원해왔으며, 2009년 3만 달러짜리 브레게(Breguet) 시계를 손목에 차고 있는 사진을 보면 키릴 총대주교 자신도 지원을 좀 받는 것 같다.[10]

중국공산당이 지금까지 경제 성장, 도시 현대화, 생활 수준 향상에 상대적으로 성공을 거두자 중국 내에서도 권위주의 체제를 민주주의적 대안보다 더 매력적으로 여기는 분위기다. 저명한 비영리 국제 인권 단체 프리덤하우스(Freedom House)의 표현대로 2005년 이래 세계가 "민주적 불황"에 접어들면서 전체 195개국 가운데 민주주의 국가가 84개국으로 줄었다.[11] 사우디아라비아의 무함마드 빈 살만(Mohammed bin Salman), 르완다의 폴 카가메(Paul Kagame), 베트남의 응우옌푸쫑(Nguyễn Phú Trọng/阮富仲) 같은 독재자들이 민주주의에서 벗어난 국가들을 이끌고 있다. 민주주의 국가의 지도자로서 선출된 인도의 마렌드라 모디(Narendra Modi)나 튀르키예의 레제프 타이이프 에르도안(Recep Tayyip Erdoğan)도 자신들의 당선을 가능하게 해줬던 정치 체제의 견제와 균형을 무시하고 약화하면서 독재 권력과 불장난을 하고 있다.

권력의 이데올로기적 균형이 깨지고 있는 양상은 유엔 체제의 가치를 놓고 유엔 내부에서 일어나는 갈등에서 가장 잘 드러난다. 일찌감치 중국은 개인의 권리, 민주주의, 법치주의 그리고 국제 평화의 기본 원칙인 유엔 세계인권선언을 뒷받침하는 핵심 가치를 뒤흔들고자 갖가지 수단을 동원한 선전전을 벌여왔다. 유엔 인권이사회는 이런 경연을 펼치기에 딱 좋은 장이다. 마땅히 인권이사회는 유엔의 모든 회원국이 결사와 집회의 자유, 표현의 자유, 신념과 종교의 자유, 여성의 권리, 성소수자의 권리, 인종과 민족의 권리 등을 존중하도록 보장해야 한다. 하지만 2021년~2025년 인권이사회 이사국 현황을 보면 알제리, 중국, 쿠바, 카자흐스탄, 키르기스스탄, 카타르, 아랍에미리트, 베트남이 들어가 있고, 2022년 4월 7일 축출되기 전까지 러시아도 있었는데, 모두 이 원칙을 거의 수용하지 않거나 적극적으로 거부하는 정부들이다.

가치 충돌이 격화하고 있는 또 다른 분야는 '글로벌 인터넷 거버넌스(Global Internet Governance, 인터넷 기술로 이뤄지는 정치·경제·사회·문화 행위 전반에 관한 원칙과 규범을 설정해 공유하고 관리하는 것_옮긴이)'다. '만리방화벽'을 치고 자국만의 디지털 생태계를 만드는 데 엄청난 돈을 쏟아부은 중국 기업들은 이제 '디지털 실크로드(Digital Silk Road)'라는 기치를 내세워 개발도상국들의 자체 디지털 인프라 구축을 돕고 있다. 여기에는 스마트 운송 시스템 및 온라인 정부 서비스와 함께 중국식 자국민 감시 시스템도 포함돼 있다. 통치 체제와 정치 이데올로기가 중국과 비슷한 국가 정부들에는 무척이나 매력적인 제안이다. 글로벌 인터넷 거버넌스의 규칙을 바꾸려는 중국의 의제를 지지하는 국가들도 계속 늘어나고 있다.

미국과 동맹국들이 이 같은 중국의 의지에 저항하면 할수록 인터넷 네트워크는 각국의 정치적 원칙에 따라 별개로 관리해야 할 상호 운용성이 사라진 디지털 영역으로 분화할 것이다. 그러면 지정학적 분열이 더 공고해지고 더 많은 연료가 신냉전의 불길을 키우게 될 것이다.

전후 시대 민주주의 가치를 훼손하는 방식으로 다른 국가들을 자신의 편으로 끌어들이려는 중국과 러시아의 공동 노력은 결과적으로 유럽 정부들이 미국과 더 밀착해서 지정학적 경쟁에 뛰어들도록 만들고 있다. 미국의 정책 방향에 대한 우려에도 불구하고 유럽은 미국과 우크라이나에서 푸틴에 맞서고 있을 뿐 아니라, 중국을 상대로 한 글로벌 경쟁에서도 미국과 더 유기적으로 보조를 맞추고 있다. 20세기에 그토록 어렵게 얻은 민주주의의 성과를 21세기에 빼앗길 수는 없다는 굳건한 결의가 유럽을 휘감고 있다.

제6장

재편되는
대서양 동맹

지난 냉전의 진원지였던 유럽은 이제 더욱 복잡하고 다면적인 지정학 일부가 됐다. 블라디미르 푸틴의 뻔뻔스러운 우크라이나 침공 이후 러시아는 또다시 유럽 안보를 위협하는 국가에 이름을 올렸다. 그런데 유럽의 필수 불가결한 동맹국이자 보호국인 미국은 러시아보다 여러 측면에서 더 장기적인 도전 과제이자 현재 유럽의 주요 무역 상대국인 중국에 대항해 공동 전선을 구축하는 데 초점을 맞추고 있다.

　　유럽은 권위주의적 가치를 전 세계에 투영하려는 중국과 러시아를 견제하려면 반드시 미국과 협력해야 한다는 사실을 너무나도 잘 알고 있다. 더욱이 러시아가 우크라이나에 대한 유럽 국가들의 에너지 의존을 무기화하는 방식으로 중국과 경제적 상호 관계를 심화하는 모습에 유럽은 그간의 낙관적 태도를 잃고 큰 충격을 받았다. 그러나 유럽은 러시아와 중국을 동시에 상대할 때 드는 경제적 비용을 우려하고 있다. 미국의 대중국 정책, 특히 대만 방어 정책이 미국 내부의 당쟁으로 훼손될 수 있다는 우려도 있다. 가장 큰 불안감은 중국을 바라보는 자신들의 양면성으로 인해 미국이 유럽에 대한 책임을 줄일 수도 있다는 것이다. 정작 유럽은 안보를 위해 또 한 번 미국에 의존해야 하는데 말이다.

이런 모든 우려가 작용한 결과 유럽 각국은 신냉전에서 철저히 미국 편을 들어 중국에 대한 경제적·기술적 의존도를 줄이는 정책을 발표하고, 미국이 중국의 영향력 확대에 효과적으로 대응할 수 있도록 인도-태평양 전략을 수립하고 있다. 이에 따라 유럽이 중국과 미국 사이에서 '독립적인' 중간 지점을 찾으리라던 중국의 희망도 빠르게 사라지고 있다. 중국이 우크라이나 전쟁을 두고 러시아와 공조한 것도 유럽이 유럽과 인도-태평양에서 새로운 양면 냉전을 준비한다는 방증이다.

미국과 중국 사이에 낀 유럽

푸틴이 우크라이나를 침공하기 훨씬 전부터 미국은 유럽 동맹국들에게 자유민주주의 국제 질서의 가장 큰 위협은 중국에서 비롯할 것이라고 강하게 주장해왔다.[1] 미국과 유럽 및 아시아 동맹국들이 의존하는 최대 무역로인 아시아-태평양 지역의 평화와 안보를 관리해온 미국 정책 입안자들은 일찍부터 대중국 정책 기조를 설정하고 유럽은 그에 충실한 추종자가 돼야 한다고 믿었다. EU가 1989년 천안문 사태 이후 유지해온 대중국 무기 금수 조치를 2005년 해제하려고 했을 때나 최근 5G 통신 인프라를 신속히 구축하기 위해 저렴한 화웨이(Huawei) 제품을 도입하려고 했을 때도 유럽은 미국으로부터 노선을 지키라는 엄청난 압박을 받았다. 2005년 6개월간의 진통 속에 결국 EU의 무기 금수 조치는 해제되지 않았고 20년이 흐른 지금도 유지되고 있다. 그리고 트럼프 행정부가 화웨이를 포함한 중국 통신사들을 '수출 규제 명단(Entity List)'에 올려서 미국의 승인 없이 미국 반도체 기술과 설계를 이용하지 못하게 하자 영국과 여러 유럽 국가들도 5G 네트워크 사업에서 화웨이를 배제해야 했다.

중국에 대한 대서양 횡단 접근법을 자국이 주도해야 한다는 미국의 고집은 유럽 정부와 기업, EU 내 기구들의 불만과 저항을 불러일으켰다. 저항의 주된 요인은 말할 것도 없이 경제적 이유다. 유럽은 규모가 크고 유동성도 높은 내수 시장을 가진 미국과 달리 수출에 거의 전적으로 의존해 경제 성장을 견인해왔다. 1980년대 개방 이후 중국은 유럽 최대 수출 대상국으로 부각했고, 특히 독일은 중국의 경제 현대화에 결정적 영향을 미친 기술과 제품을 제공했다. 독일의 정교한 공작기계와 성능 좋은 화학 제품은 중국이 초기 수출을 위한 제조업 기반을 마련하는 데 큰 도움이 됐다. 아울러 독일의 믿을 수 있고 잘 디자인된 자동차와 프랑스 및 이탈리아의 명품 패션 브랜드는 한창 성장 중인 중국의 소비 시장에 활력을 불어넣었다. 독일의 대중국 수출이 확대되면서 중부 유럽 이웃 국가들의 수출도 덩달아 증가해 EU 전체 경제 흐름이 원활해졌다. 중국도 이에 호응해 2010년부터 무역 흑자 일부를 유럽 기업과 유럽 내 인프라로 재투자하면서 더 깊은 경제적 관계로 발전했다.[2] 미국처럼 민간 자본이 풍부하지 못한 유럽이기에 이런 투자를 환영하지 않을 이유가 없었다.

따라서 러시아에 이어 중국에까지 무역을 제한하자는 것은 미국보다 유럽 국가들에 비용이 더 많이 요구되는 제안이다. 값싼 러시아산 에너지를 차단해 경제 경쟁력에 이미 큰 타격을 입은 상황에서 중국 수출까지 줄어든다면 감당해내기가 어려울 것이다. 반면 미국에는 이익이 된다. 그렇지 않아도 유럽은 2022년부터 미국에서 2021년 대비 141% 더 많은 LNG를 수입하고 있다. 유럽에서는 이제 미국이 최대 에너지 공급국이다. 러시아에서 공급받던 물량을 미국으로 대체하자 미국 LNG 수출의 64%를 유럽이 충당하게 됐다.[3] 에너지뿐만이 아니다. 유럽은 군수 물자도 거의 절반을 미국에서 수입하고 있는데, 푸틴의 러시아에 대응하기 위해 2022년 유럽 전체 국방 예산을 3,450억 달러로 13% 증액했으니 앞으로 미국 방산 기업들은 더 많은 무기를 유럽에 수출할 수 있을 것이다.[4] 이와 동시에 유럽의 대미 수출 기업들은 훨씬 저렴해진 미국 내 에너지 생산 비용에 더해 바이든 행정부의 녹색 에너지 전환 정책에 따른 대규모 보조금 혜택을 누리고 있는 미국 기업들과 경쟁해야 한다.

유럽 내 많은 평론가가 중국 권위주의 체제의 부상을 부채질하는 경제 관계 잠식 위험을 경고하고 있지만, 유럽 정부들이 이 같은 조언에 귀를 기울이기란 쉽지 않다. 중국은 멀리 있으나 러시아는 가깝기 때문이다. 태평양 섬을 영토로 확보한 프랑스와 영국, 특히 호주와 뉴질랜드 등 역내 4개국과 '5개국 방위 협정(FPDA)'을 맺었던 영국 정도만 아시아-태평양 지역에 공식적인 안보 책임을 지고 있다. 게다가 유럽 정부나 각국 시민들 사이에 군사적으로든 기술적으로든 세계 최강국이 되려면 제로섬 게임도 불사해야 한다는 인식이 없다. 유럽은 꽤 오래전에 그 왕관을 포기했다.[5]

유럽 지도자들은 미국의 대중국 정책과 그 동기에도 상당한 의구심을 품고 있는데, 무엇보다도 대만에 대한 우려가 크다. 실제로도 중국을 향한 미국의 전략은 미국 내부 정치 소용돌이 속에서 표류하는 것처럼 보인다. 2023년 4월 프랑스 마크롱 대통령은 3박 4일 일정으로 중국을 방문하고 돌아와서는 언론에 대고 "대만 문제는 유럽에 이익이 되지 않는다"고 발언해 파장을 일으켰다. 사실 그의 발언은 대부분 유럽 국가의 우려와 일맥상통했지만, 그것을 공개적으로 표출했다는 점에서 꽤 중대한 실수를 저질렀다고 할 수 있다.[6]

2017년 도널드 트럼프가 중국에 관세 폭탄을 쏟아붓고 유럽이 중국 기술을 사용하지 않게끔 괴롭히는 전술을 쓴 것도 EU 회원국들이 미국으로부터 더 큰 '전략적 자주성'을 확보해야 한다고 요구하게 된 배경이었다. 그러면 자신들만의 독자적인 대중국 전략을 개발함으로써 과거 소련과 경쟁할 때보다 더 큰 주도권을 중국과

의 경쟁에서 쥘 수 있으리라는 믿음도 한몫했다.[7]

유럽은 기후 변화 대응 등 유럽과 중국이 똑같이 중요하게 여기는 글로벌 과제를 해결한다는 명분으로 협력의 길을 계속 열어뒀다. 중국도 아직 화석 연료 국내 사용량이 많고 의회가 기후 변화 문제에 더 회의적인 미국보다 유럽과 잠재적으로 더 건설적인 동반자가 될 수 있다고 약속했다. 일찍부터 유럽의 우려를 인지한 중국 지도부는 미국의 노골적인 적대감과 불가능한 개방적 포용 사이에서 제3의 길을 모색하자고 유럽 지도자들을 설득해왔다.

중국의 도전에 눈뜬 유럽

그러나 '윈-윈'하던 유럽-중국 협력의 전성기는 길지 않았다. 2015년 이후 양측의 관계는 빛을 잃어갔다. 1990년대 클린턴 행정부를 움직였던 독일의 '무역을 통한 변화(Wandel durch Handel)'는 중국을 글로벌 경제와 상호 의존 관계로 이끄는 한편 점진적으로 정치적 개방까지 끌어내겠다는 의지를 담은 슬로건이었다. 하지만 2012년 시진핑이 정권을 잡고 중앙집권 정치 통제를 강화하자 그동안 많은 유럽 정치인과 기업인들이 중국과의 관계 심화를 정당화하고자 유지해온 이 자기만족적 신화 역시 깨지고 말았다.

중국에 대한 미국의 태도 강화는 지정학적 경쟁에 기인하는 반면, 중국공산당이 주도하는 중국과의 관계에서 유럽의 순수성이 점점 퇴색되는 까닭은 중국이 민주적 인권을 짓밟아 EU가 정치적 정체성을 유지하고 안정적인 국제 질서를 구성하는 핵심인 국제법을 수호하는 데 걸림돌로 작용하는 것과 관련이 있다.

유럽은 시진핑이 당의 권위에 도전한 불순 세력이라며 중국공산당, 인민해방군, 국유 기업들의 부정부패를 비판한 사람들은 물론 그들을 변론한 변호사들까지 투옥하는 모습을 경악스럽게 지켜봤다. 더 충격적인 광경은 소수 민족 문제를 악용해 중국을 분열시키려는 시도를 원천 봉쇄하고 종교적 극단주의 사상을 뿌리째 뽑겠다는 명목으로 신장(新疆) 지역 무슬림 위구르족 100만 명을 수년 동안 수용소에 잡아 가둔 중국공산당의 만행이었다. 유럽이 보기에 중국공산당은 정치적 자유화를 지향하기는커녕 중국의 부를 이용해 독재 체제를 더욱 공고히 했으며, 그런 사실을 애써 숨기려고도 하지 않았다.

비슷한 행태는 홍콩에서도 일어났다. 일부 젊은 시위대가 경찰, 관공서, 의회를 공격한 행동은 비난받아 마땅하더라도, 2020년 6월 중국공산당이 홍콩 국가보안법(국가 분열 행위는 무기 징역)을 우회 입법해 통과시키고 곧바로 시행해 남발한 것은 결국 시진핑이 '일국양제(一國兩制/One Country Two Systems)' 원칙을 지키는 데는 아무런 관심이 없음을 드러낸 셈이었다.

2019년 중국공산당 정책을 바라보는 유럽의 우려가 커지자 EU

는 중국을 '체제적 경쟁자(Systemic Rival)'로 규정하면서 기후 변화 등 글로벌 과제의 '경제적 경쟁자'이자 '협력적 동반자'라는 양면 전략을 수립해 발표했다.[8] 양측이 국제적 의제를 관리할 때는 여전히 상호 이익을 강조하겠지만, '체제적 경쟁자'라는 용어를 썼다는 것 자체가 인권과 국제법을 대하는 중국의 태도에 EU 지도자들이 이미 반감을 품었다는 뜻이며, 중국의 행보에 더 적극적으로 대응하겠다는 의지를 반영한다고 할 수 있다.

2021년 1월 조 바이든이 미국 대통령에 취임하고 더 현실적인 대서양 횡단 접근법이 나올 수 있다는 EU 의회와 회원국 정부들 사이의 기대 여론이 형성되는 과정에서 EU는 중국과 체결하기로 한 '포괄적 투자 협정(CAI)' 비준을 보류했다. EU와 중국 양측은 오랫동안 교착 상태에 중국 시장에 대한 유럽의 접근을 개선하고자 7년간의 긴 협상 끝에 2020년 12월 합의를 마무리했었다. 그런데 2021년 3월 EU가 신장 지역 인권 탄압을 문제 삼아 그곳 중국공산당 간부 4명과 공안부를 제재하는 일이 벌어졌고, 곧장 중국도 인권 침해 문제를 계속해서 제기해온 EU 의원 5명을 제재해 보복에 나섰다. 그뿐만 아니라 중국은 EU 산하 정치안보위원회(PSC)와 독일의 싱크탱크 메르카토르중국연구소(MERICS)에도 제재를 확대했는데, 그동안 줄기차게 중국의 억압적 행보가 유럽에 초래할 위험을 경고해온 기관들이었다. EU와 중국의 관계는 취약한 상태에서 당장이라도 깨질 수 있는 상태로 더욱 악화됐다.

선출직 EU 의원들은 물론 독립된 민간 비영리 단체까지 제재한 중국의 결정에 유럽 지도자들은 양측의 간극이 절대로 좁혀지지 않음을 확신하면서 강경 노선을 굳혔다. 한때 열심히 로비를 벌였을 법한 유럽 기업들도 중국 시장에서 이미 지칠 대로 지쳤기 때문에, 비록 '보류'라는 완곡한 표현을 쓰긴 했어도 이 투자 협정이 소생할 가능성은 거의 없다.

자동차 기업 폭스바겐(Volkswagen)과 화학 기업 바스프(BASF)는 오히려 중국 투자를 강화했지만, 유럽의 대다수 기업은 중국이 사업 조건으로 내건 지식재산권 이전 요구와 수익 창출 능력을 심각하게 제한하는 시장 왜곡 조치에 불만을 토로하고 있다. 중국 주재 EU 상공회의소가 발표한 〈2023년 비즈니스 신뢰도 조사(2023 Business Confidence Survey)〉 보고서에 따르면 중국 현지에 진출한 유럽 기업들의 사업 여건이 크게 악화하는 가운데 일부 사업 부분은 '디커플링(decoupling)', 즉 '분리·단절' 작업도 진행되고 있다.[9] EU 집행위원회 수석 부집행위원장이자 통상 담당 발디스 돔브로브스키스(Valdis Dombrovskis)는 중국이 EU와의 무역에서 2022년 2,770억 유로를 기록한 이래 계속 흑자를 확대해나가는 것은 중국 시장이 왜곡돼 있다는 증거라고 말했다.[10] 중국산 전기자동차 또한 EU 시장을 잠식하기 시작하면서 2021년 0에 가깝던 점유율이 2022년 8%로 증가했는데, 이대로 가면 2025년에는 거의 두 배인 15%를 돌파해 양측의 불균형은 더욱 심화할 것이다. 사태의 심각성을 인지한 EU 진행위원회는 2023년 9월 13일 보조금 조사에 착수했다. 만약 부당하게 낮은 가격으로 유럽에 수입됐다는 사실이 드러나면 기존 10% 관세에 반덤핑 관세 10% 이상을 추가로 부과할 것이다.[11]

이렇듯 꾸준히 악화하는 상황 속에서도 중국공산당은 러시아의 우크라이나 침공에 대해 미온적 태도로 일관함으로써 관계를 더 바닥으로 주저앉혔고, 급기야 에스토니아, 라트비아, 리투아니아 발트 3국이 '17＋1' 포럼으로 불리던 '중국과 중부 및 동유럽 국가 간 협력체(China-CEEC)'에서 탈퇴하는 등 양측이 악화일로를 걷고 있다. 유럽 국가들의 중국에 대한 부정 여론도 65%~80%에 달해 2000년대 초반 25%~40%였던 때와는 극명한 대조를 이뤘다.[12] 러시아가 우크라이나의 상황에 어떤 두려움을 느꼈든, 유럽 관점에서 전후 유엔 제재 질서의 가장 기본적인 법칙인 "국제적으로 인정된 국경은 강제로 변경할 수 없다"는 원칙을 위배해도 될 만한 정당성은 그 어디에서도 찾아볼 수 없는 것이다.

이 근본적 질서를 지지한다고 주장하는 동시에 러시아의 침공 정당성도 지지하는 중국의 모순된 행보는 유럽 지도자들에게 중국이 국제법보다 자국의 행동을 우선시하는 또 하나의 강대국임을 상기시켰다. 러시아가 발트해 연안 국가들 가운데 한 곳에서 러시아 공동체를 조종해 분리주의 사태를 일으킨 뒤 개입 구실로 삼는다면 중국은 어느 쪽에 설까? 러시아가 분쟁 지역인 북극해 해저

산맥 로모노소프(Lomonosov) 해령의 주권을 주장하고 강제 점거한다면 중국은 어떤 태도를 보일까? 우크라이나를 침공한 러시아는 가까운 위협이고, 헤이그 상설중재재판소가 불법이라고 판결을 내렸는데도 남중국해 여러 섬을 불법 점령해 중무장 전초 기지를 세운 중국은 먼 위협일까? 이제 유럽 정책 입안자들에게도 중국은 더 이상 멀리 있는 위협이 아니다. 중국이 가까운 미래에 대만을 본격적으로 압박하거나 심지어 강제로 병합할 능력을 갖춰가고 있다는 징후도 곳곳에 보인다.

중국이 2022년 러시아의 우크라이나 침공을 두고 모호하게 대응했다는 점도 유럽이 중국에 의존적이거나 심지어 지나치게 종속적인 경제 관계를 더는 지속할 수 없음을 가혹하게 일깨워줬다. 일찍이 중국공산당은 막강한 경제력을 무기 삼아 유럽의 외교 정책에 강한 불만을 표시했었다. 2012년 5월, 당시 영국의 데이비드 캐머런(David Cameron) 총리가 달라이 라마(Dalai Lama)를 접견하자 중국은 그해 가을에 예정돼 있던 베이징 초청을 취소하고 2011년에 약속한 80억 파운드 투자도 중단하겠다고 위협했다. 노르웨이의 경우 2013년 노벨위원회가 중국의 인권 운동가 류샤오보(劉曉波)에게 평화상을 수여하자 중국은 그 즉시 노르웨이산 연어 수입을 금지했다. 리투아니아는 2021년 빌뉴스에 '주 리투아니아 대만 대표부(Taiwanese Representative Office in Lithuania/駐立陶宛台灣代表處)'를 승인하자 '타이베이(Taipei/台北)'가 아닌 '타이완(Taiwan/台灣/대만)'이라는 이름을 썼다며 즉각 반발해 리투아니아 주재 중국 대사를 불러들이고 무역 보복을 감행했다. 이는 리투아니아의 대중국 수출뿐 아니라 리투아니아산 부품을 사용하는 EU 회원국 기업들의 수출에도 영향을 미쳤고, 보다 못한 EU가 중국을 WTO에 제소하기에 이르렀다 (중국은 별다른 이득을 보지 못한 채 2023년 11월에 결국 무역 제재를 철회했고, 리투아니아도 2024년 5월 '타이베이' 대표부로 명칭을 변경했다_옮긴이).

그렇지만 사실 이런 갈등은 녹색 전환에 따른 에너지의 과도한 중국 의존이 유럽 경제에 미칠 불안정 위험에 비하면 그저 헛웃음 치고 넘어갈 수준이다. 그만큼 공백이 아직 많이 남아 있기 때문이다. 2021년에는 재생 에너지로의 전환이 필요하고 중요한 일이었지만, 러시아의 우크라이나 침공으로 유럽의 에너지 공급이 대부분 차단된 지금 상황에서는 정말로 시급하고 중대한 일이 돼버렸다. 2022년에도 유럽은 태양광 패널 및 관련 부품의 90%, 리튬 및 기타 희토류 광물 가공품의 90%, 풍력 발전용 터빈 부품의 60%를 중국에서 수입했다. 유럽의 지도자들은 그동안 자학적일 정도로 천연가스 등 화석 연료를 의존했던 러시아와 똑같이 정책적 괴리가 큰 중국에 재생 에너지로의 전환 자원을 의존해야 하는 상황에서 하루빨리 벗어나야 한다는 생각에 골머리를 앓고 있다.

제3의 기로에 선 유럽

유럽은 중국과의 관계에서 중요한 전환기를 맞고 있다. 2023년 6월 공개된 EU 이사회의 대중국 전략에서도 유럽은 중국을 '경제적 경쟁자', '협력적 동반자', '체제적 경쟁자'로 구분한 기존 관점을 유지했다.[13] 그런데 최근 EU가 추진하는 정책들을 보면 중국을 '협력적 동반자'보다는 '경제적 경쟁자'이자 '체제적 경쟁자'로 여기는 시각이 훨씬 더 뚜렷해졌다. 그만큼 관계도 악화했고 신뢰도 약해진 것이다.

단적인 예로 유럽 정부는 생산 및 공급 과정에서 강제 노동을 이용한 기업들을 제재하는 법안을 미국과 함께 통과시킬 계획이다. 이 법안이 특별히 중국만 겨냥한 것은 아니지만, 신장 지역의 농업과 제조업 부문에서 위구르족과 카자흐족 등 소수 민족에게 강제 노동을 시킨다고 결론 내린 2018년 유엔 보고서가 기반인 것은 사실이다. 유럽 각국은 중국과 경제 관계를 단절하기보다 분리한다는 기치 아래, 통신과 원자력 같은 중요한 인프라에서부터 반도체 설계 및 양자 컴퓨팅 같은 첨단 기술 분야에 이르기까지 매우 민감한 부문의 중국 투자를 제한하는 일련의 국내법을 제정한 바 있다. 네덜란드는 미국과 손잡고 첨단 반도체 제조 장비의 중국 수출을 금지하는 데 동참했으며, 이탈리아 정부는 조르자 멜로니(Georgia Meloni) 총리 주도로 전임 주세페 콘테(Giuseppe Conte) 총리

시절인 2019년 3월 중국과 체결한 '일대일로' 계획 협력 양해각서를 파기했다.

　미국과 더불어 유럽도 배터리 생산, 전력 전송망 업그레이드, 희토류 광물 채굴 및 가공 등 녹색 산업의 자체 구축을 위해 국내 및 EU 차원으로 보조금을 늘려서 중국의 녹색 에너지 분야 지배력에 대응하고 있다. EU는 7,500억 유로 규모로 편성한 코로나19 회복 및 복구 기금 가운데 약 65%를 녹색 에너지 전환 자금으로 재편성했다. EU 집행위원회도 이 과정을 지원하고자 EU 단일 시장에 미칠 부정적 영향을 감수하면서까지 회원국들의 국가 보조금 제공 규정을 완화했다. 독일 정부는 일반 가정이 기존 가스보일러를 열펌프로 교체하도록 지원하고 외국 반도체 기업들의 독일 현지 공장을 유치하기 위해 2,000억 유로에 이르는 보조금을 투입했다. 300억 달러 규모의 인텔 독일 공장이 완공되면 세계 최대 규모가 될 것이다. 나아가 EU는 아프리카 주요 광물 투자에서 우위를 점한 중국에 맞서 2020년부터 아프리카 투자를 본격화했고, 공공 인프라와 보건 및 교육에 초점을 맞춘 '아프리카-유럽 투자 패키지(Africa-Europe Investment Package)' 계획에 1,500억 유로를 투입하는 등 공급 다변화를 이루고자 갖은 노력을 다하고 있다.[14]

　그러나 아직 유럽과 중국 사이에는 비교적 덜 민감한 경제 부문에서 서로 무역을 이어나가고 양측 경제에 투자할 수 있는 여지가 여전히 남아 있다. 그리고 유럽 시민들도 위험과 기회 사이의 균형에 대한 실용적 관점까지 버리지는 않은 것 같다.[15] 그래도 어쨌든 중국과 경제 관계를 풀어나갈 유럽의 접근법과 미국의 접근법은 예전보다 훨씬 더 가까워지고 있다. 더구나 안보만큼은 그 어느 때보다 미국에 더 의존해야 하기에 미국이 어떤 방향을 잡게 되면 유럽도 보조를 맞춰 따라갈 수밖에 없다. 따라서 민감한 부문의 중국 참여에 대해서는 계속 제한을 가할 가능성이 크다.

안보 측면에서 유럽 정부는 2022년 새롭게 수립된 나토 전략 개념에 따라 미국과 캐나다와 함께 중국의 강압 정책, 악의적인 변종 사이버 공격, 허위 가짜 정보, 주요 전략 물자 및 공급망 통제를 강력하게 비난했다.[16] 각국 개별 전략은 2020년~2022년 프랑스, 독일, 네덜란드, 영국 등 주요 유럽 국가가 앞다퉈 인도-태평양 전략을 발표하면서, 역내 군사 주둔 범위를 더 확대하고 합동 훈련을 더 자주 시행해 미국의 부담을 분담하기로 했다. 유럽 정부는 미국 국방 자원을 유럽보다 아시아-태평양 지역으로 이전해야 한다는 미국 내 일부 정치 세력의 우려를 불식하려면 자신들도 중국의 위협을 미국처럼 심각하게 받아들여야 한다는 사실, 최소한 워싱턴 DC에 그런 모습이라도 보여줘야 한다는 사실을 잘 알고 있다.

하지만 유럽 전역에는 미국이 중국의 위협을 관리하는 데 이전보다 훨씬 예측하기 어려운 동맹의 맹주가 됐다는 불안감이 점점 더 팽배하고 있다. 2024년 11월 미국 대통령 선거가 무역과 외교 정책에서 미국 우선주의를 최우선으로 여기는 공화당의 승리로 끝난다면, 유럽은 중국과 러시아에 맞설 자유민주주의 국가 그룹의 확대를 모색할 테고, 그렇게 신냉전 시대를 예측 불가능한 미국의 리더십에 덜 의존하는 방향으로 대응해나가려고 할 것이다. 실제로도 이런 방향으로 흘러갈 잠정적인 움직임이 이미 발견되고 있다.

제7장

집결하는
대서양-태평양
동맹국들

★

    현재까지는 비공식적이긴 하나, 미국을 중심으로 대서양과 태평양 동맹국들이 한데 뭉치고 있다는 것도 신냉전의 주요 특징이다. 나토를 위시한 미국의 대서양 동맹국들은 이제 새로운 안보와 기술 협력 관계를 통해 미국의 주요 태평양 동맹국들인 한국, 일본, 호주와도 연계하고 있다. 동기는 명확하다. 중국과 러시아의 이중 위협을 관리하려면 미국에 더 많은 동맹국이 필요하기 때문이다. 아울러 미국의 대서양-태평양 동맹국들도 두 위협을 똑같이 심각하게 받아들이는 모습을 보여야 미국이 자신들의 지역을 위해 헌신하리라 믿고 있다.

    이 같은 맥락에서 G7도 서로 '같은 생각'을 하는 국가들이 한자리에 모여 경제적·기술적 안보 강화를 논의하고 조정하는 중요한 협의체로 부상했다. 그렇지만 미국과 EU가 녹색 산업을 놓고 계속 보조금 경쟁을 하는 데다, 미국의 다른 동맹국들도 자국 경제에 큰 손실이 될 것을 우려해 중국과의 제로섬 경쟁에 적극적으로 뛰어들려고 하지 않는 등 G7의 결속력과 일관성은 아직 초기 단계에 머물러 있다.

아시아 동맹국들의 우려

지난 냉전이 구체화하던 시기부터 미국은 대서양 동맹과 태평양 동맹에 각각 다른 방식으로 안보 우산을 확대해왔다. 미국 주도의 대서양 동맹은 1949년 나토 창설로 형성됐고, 군사 부분은 벨기에 몽스(Mons)의 유럽 연합군 최고사령부를 중심으로 정교하고 치밀한 공식 안보 구조와 지휘 체계를 갖추고 있다. 제2차 대전 말부터 유지해온 연합군 지휘 권한으로 미국 정부가 임명한 유럽 사령관이 유럽 연합군 최고사령관도 겸임한다. 아시아-태평양 동맹의 경우에는 미국과 각국 사이의 양자 동맹 형식이며, 해당 국가가 미국과 맺어온 특수한 역사적 상황을 반영한다. 유럽에 주둔해 있던 미군은 소련 붕괴 이후 20년에 걸쳐 대부분 철수했지만, 아시아-태평양 지역에서는 그대로 남아 있다.

지난 10년 동안 미국과 유럽의 대중국 관계가 악화한 과정과 미국의 주요 아시아 동맹 3개국과 중국의 관계 변화 사이에는 분명한 유사점이 있다. 한국, 일본, 호주 세 나라는 각각 순조롭게 경제 성장을 누려오다가, 시진핑이 정권을 잡은 중국의 정치적·경제적 변화에 영향을 받으면서 높아진 경제 의존도와 함께 지역 안보에 대한 우려도 동시에 커졌다. 그리고 이 같은 우려가 증가함에 따라 그동안 별다른 연결 고리가 없었던 미국의 대서양 동맹과 연계하는 방안을 찾기에 이르렀다.

한국

중국이 평양의 북한 정권을 오랫동안 돕고 있다는 사실을 염두에 둔 채 한국 정부는 동맹국 미국의 보호를 신뢰하면서 어떻게든 중국과 좋은 관계를 유지하고자 노력해왔다. 수출 실적을 보면 2022년 기준 중국은 1,550억 달러 이상으로 한국의 최대 무역국이었다. 같은 해 미국은 1,100억 달러로 2위였다. 3위부터는 액수가 급감해 베트남이 560억 달러였고, 일본은 300억 달러로 4위에 그쳤다.[1] 한국 기업들은 성장하는 중국 시장에 많은 공을 들여왔다. 일본 다음으로 가장 성공적인 동아시아 경제 강국이 되기 위한 교두보로 삼았고, 반도체 등 주력 수출 제품의 가격 경쟁력도 중국에서 원료를 값싸게 수입해 확보할 수 있었다.

그러나 시진핑이 한국 인근 지역의 영유권 주장을 더 공격적으로 밀어붙임에 따라 한국은 중국을 직접 상대해야 할뿐더러 미국과 중국이 벌이는 전쟁 한가운데 있음을 실감하게 됐다. 1990년대 초부터 중국은 한국 영해와 훨씬 더 가깝고 한국이 이미 해양 과학 기지를 건설해 운용 중인, 국제적으로는 '소코트라 암초(Socotra Rock)'로 알려진 '이어도(離於島)'를 '수옌자오(苏岩礁)'라고 부르면서 영유권을 주장해왔다. 마찬가지로 중국이 영유권을 주장하고 있는 남중국해의 섬들처럼 영유권은 안보상 중요한 데다, 육상 경계를 넘어 200해리 밖의 석유나 천연가스 같은 에너지 자원에 대한 권리를 요구할 특별 경제 구역을 확보하는 데 큰 도움이 되기 때문이다.[2]

미국과 한국은 중국이 억제할 수 없거나 억제할 의지가 없는 북한의 핵과 미사일 공격 도달 범위 및 그 치명성에 같은 우려를 공유하고 있다. 이 때문에 한국은 2016년 박근혜 정부 시절 미국의 '종말 단계 고고도 미사일 방어 체계', 즉 '사드(THAAD)'를 도입할 수밖에 없었다. 이에 중국공산당은 중국 미사일을 겨냥하고 핵 억지력을 약화할 수 있다는 명분을 들어 한국 내 사드 배치를 중국 안보의 직접적 위협으로 간주하며 즉각 보복에 나섰다. 한한령(限韓令)을 시행해 우선 한국 단체 관광을 제한했다. 그 결과 전체 외국인 방문객 수의 약 절반으로 면세점 매출 70% 이상을 차지하던 중국인 관광객들의 발길이 뚝 그쳤다. 이에 그치지 않고 중국에 진출해 있던 한국 대기업 롯데(Lotte)에도 포괄적인 영업 제한 조치를 단행해 중국 전역의 롯데마트 112개 중 87개 매장에 영업 정지를 내렸다.[3]

그러자 뒤이어 출범한 문재인 정부는 2017년 10월 '사드 추가 배치 불가', '미국 미사일 방어 체제 편입 불가', '한미일 군사 동맹 불가'라는 이른바 '삼불(三不/Three Noes)' 원칙을 약속하면서 중국을 달래려고 노력했다. 중국은 문재인 대통령의 '삼불' 약속을 수용했다. 반면 북한은 핵미사일을 '더 높게 더 멀리' 날리려는 실험을 멈추지 않았다.

2022년 3월 보수 성향의 윤석열 정부로 정권이 바뀐 뒤에는 중국과 북한에 강경 기조로 노선을 변경하면서 한미 동맹을 강화했다. 2022년 8월 윤석열 대통령은 정기 대규모 하계 한미 연합 훈련 '자유의 방패(Freedom Shield)'를 재개했는데, 5만 8,000명의 국군과 미군이 참가해 북한의 공격에 대비한 공동 대응을 연습했다. 2023년 7월 윤석열 대통령은 40년 만에 부산 해군 기지를 찾은 미국 원자력 잠수함 켄터키(USS Kentucky SSBN-737)에 외국 정상 최초로 승함했다.[4] 몇 달 전인 4월에는 〈로이터(Reuter)〉와 인터뷰에서 대만 문제를 "힘으로 현상을 바꾸려는 시도 때문에 벌어진 일"이라며 그간의 오랜 금기를 깨고 중국을 정면으로 비판하기도 했다.[5]

이와 함께 한국 기업들도 배터리 기술 분야를 포함한 주요 첨단 기술 수출과 관련해 중국 의존도를 줄이고 있다.[6] 부분적으로는 이미 사드 사태 때부터 향후 미중 관계 악화에 대비한 탄력적인 공급망 확보를 모색 중이었고, 한편으로는 대중국 투자 제한과 보조금 혜택을 연결한 바이든 정부의 인플레이션 감축법의 유도책에 부응하려는 행동이었다.

가장 극적인 진전은 2023년 8월 미국 대통령 전용 별장 캠프 데이비드(Camp David)에 조 바이든 미국 대통령, 윤석열 한국 대통령, 기시다 후미오(岸田文雄) 일본 총리가 모인 정상회담에서 3국 공조를 약속하는 공동 성명을 발표했다는 것이다. 공식적인 군사 동맹은 아니지만 1910년~1945년 일제강점기 동안 자행된 일본의 인권 유린으로 악화하고 있던 한일 관계에 물꼬가 트였다는 점에서 의미가 있고, 나토 같은 집단 방위 체제까지는 아니더라도 3국의 안보가 긴밀히 연결됐다는 상징성을 확실히 보여준 자리였다. 공동 성명에는 3국 정상 간 연례 회담을 개최하고 북한 미사일 실험에 대한 정보를 공유하겠다는 약속 등이 담겼으며, 이로써 미국은 중국의 동북아 지배 시도에 맞서 더 강력한 전선을 구축할 수 있게 됐다.[7]

일본

1930년대 중국 본토 일부를 침탈해 식민지로 삼았던 일본은 동북아시아에서 중국과 가장 껄끄러운 관계를 맺고 있는 국가다. 1945년 미국의 히로시마와 나가사키 핵 공격으로 무조건 항복한 일본은 이후 평화주의 헌법을 채택하고 군사력과 그 목적도 엄격히 제한했다. 그러나 일본이 단 한 번도 과거의 잘못을 진정으로 뉘우친 적 없는 데다 여전히 제국주의자들의 팽창주의 야망에 사로잡혀 있다고 보는 중국의 공식 입장과 중국인들의 보편적 정서를 보듬기에는 충분하지 못했다. 지금은 고인이 된 아베 신조(安倍晋三) 총리를 비롯한 자민당 지도자들이 제2차 대전 A급 전범들의 위패가 있는 악명 높은 '야스쿠니 신사(靖國神社)'를 참배할 때마다 이런 인식이 더욱 공고해졌다. 그리고 역설적이게도 중국공산당은 당시 일본의 끔찍한 전쟁 범죄와 당시 일본의 패배에 기여한 중국공산당의 민족주의적 응집력을 기억할 수 있다는 사실 또한 다행으로 여긴다. 밤마다 중국 TV 사극 드라마는 무자비한 일본군이 중국인을 잔혹하게 학살하는 장면으로 넘쳐난다.

그런데 놀라운 사실은 1990년대 이후 중국이 미국과 독일을 제치고 일본의 주요 수출 시장으로 성장했다는 점이다. 더욱이 코로나19 범유행 이전까지 일본을 방문한 중국인 관광객 수는 2019년 기준 950만 명으로 전체의 30%를 차지해 최대 규모였다.[8] 하지만 중국 투자 비율을 꾸준히 유지하면서도 일본 기업들은 핵심 기술 분야에서 한국과 유럽만큼 현지 생산 투자를 늘리지는 않았다. 중국이 일본의 경제 리더십을 위협하는 훨씬 더 무서운 경쟁자가 되기를 바라지 않았기 때문이다. 게다가 중국 기업들도 일본의 산업 및 기술 기반에 투자하기를 꺼리는 형편이었다.

한국을 상대로 하는 것과 마찬가지 맥락에서 중국은 일본과도 직접적인 영유권 분쟁을 벌이고 있다. 기폭점이 된 곳은 동중국해 남서쪽 오키나와 아래 류쿠 열도와 대만 사이 면적 7제곱킬로미터 무인도 5개 및 암초 3개로 구성된 열도 지역이다. 일본은 '센카쿠(尖閣)', 중국은 '댜오위다오(釣魚島)'라고 부른다. 현재 일본이 실효 지배 중인데, 제2차 대전 후 미국이 이곳까지 류쿠 열도 관할로 점령해 통치하다가, 1971년 반환 협정에 따라 이듬해 일본이 행정 구역을 재편하면서 류쿠 열도에 편입했다. 이 지역 인근에 막대한 양의 석유와 천연가스가 묻혀 있다고 추정한 유엔 보고서에 따르면, 중국은 이 시점까지 이곳 영유권을 주장하지 않았다. 그러다 2012년 9월 일본 정부가 그동안 사유지였던 이 지역을 공식 매입해 국유화하자 갑자기 격앙된 반응을 보였다. 그때부터 중국은 이곳 주변 해역에 해안경비대를 투입하고 항공기 출격 횟수를 늘리면서 일본 정부를 도발함과 동시에 자국이 행정 통제권을 행사하고 있음을 주기적으로 공표하고 있다.[9]

이에 맞서 일본은 중국이 남중국해 서쪽 '스프래틀리(Spratly, 중국 명 난샤/南沙)' 및 '파라셀(Paracel, 중국명 시샤/西沙)' 군도를 불법 군사 점거했다며 열렬히 비난했다. 나아가 아베 총리가 주창한 '적극적 평화주의' 원칙에 따라 인도네시아, 말레이시아, 필리핀, 베트남 등 중국의 영유권 주장에 반대하는 국가들에 첨단 레이더 시스템과 경비정 같은 군사 장비를 판매함으로써 부근 해역을 통제할 수 있도록 지원했다.[10]

중국의 군사 현대화와 독단적인 역내 행동을 바라보는 일본의 우려도 미국에 비례해서 증가해왔다. 눈치 빠른 일본 정치 지도자들은 도널드 트럼프 당선 후 점점 더 강경해진 미국 정부가 일본 국방 예산 GDP의 1% 미만 현행 유지를 더는 용납하지 않으리라고 예상했다. 평화 헌법을 내세워 미국의 안보 공약에 매번 무임승차해왔음을 분명히 문제 삼을 터였다. 그래서 두 번째 총리 임기 동안 아베 총리가 동맹국이 공격받을 때도 자위대를 투입할 수 있도록 평화 헌법을 개정하려고 그토록 애쓴 것이었다. 역내에서 미국이 중국과 충돌할 경우 즉시 지원 가능하다는 명분으로 헌법 개정에 대한 미국의 지지를 얻으려는 노림수도 있었다.

후임인 기시다 총리는 2022년 5월 워싱턴 DC를 방문해 바이든 대통령과 만났을 때 '대만 해협의 평화와 안정' 중요성을 공식 선언한 최초의 일본 지도자가 됐다.[11] 이어 2022년 12월 그는 일본 국방비를 2027년까지 기존 예산의 두 배인 GDP의 2%로 늘리겠다고 약속했다. 일본 경제 규모를 고려하면 그 비중이 세계 최대 수준이다. 2023년 3월에는 중국 본토 미사일 기지를 타격할 수 있는 미국의 토마호크 장거리 순항 미사일 400기를 방어 체제에 포함하겠다고 발표했다.[12]

일찍이 일본 정부는 최남단 요나구니(与那国) 섬이 대만 동해안에서 불과 110킬로미터 떨어져 있는 류큐 열도 한가운데인 오키나와에 미군 기지 설립을 승인하고 오랫동안 주둔 비용을 지불해왔다. 만약 중국이 대만을 무력 침공하고 미국이 개입한다면 일본도 그 전쟁에 뛰어들 공산이 매우 높다.

호주

호주와 중국과의 관계도 동북아시아 국가들과 비슷한 궤적을 밟아왔다. 한국이나 일본과 마찬가지로 호주도 중국이 경제적으로 부상함에 따라 큰 이익을 얻었다. 중국 또한 호주가 가진 막대한 석탄과 철광석을 경제 성장의 원동력으로 삼을 수 있었다. 2022년 기준 중국이 호주에서 수입한 철광석은 전체 수입량의 65%였고, 호주의 대중국 수출 비중은 무려 30%였다.[13] 2000년대 초반까지 양국의 경제적 관계는 계속 발전을 거듭해 호주는 중국인 유학생이 가장 많은 대륙이 됐고, 중국 기업들도 2011년~2017년 연평균 100억 달러를 호주 광산업에 집중하면서 농업과 부동산 분야에도 대규모로 투자했다.[14] 2015년 노던(Northern) 주 정부는 주도인 다윈(Darwin) 북쪽 해안의 항구를 중국 기업에 99년 동안 임대하는 계약을 체결하기도 했다.[15]

그랬는데 어느 순간부터 관계가 악화하기 시작했다. 2017년 노동당 소속의 한 상원의원이 중국공산당과 연루된 중국인 사업가에게 뇌물을 받은 사실이 드러나면서 호주 사회가 발칵 뒤집힌 일이 있었다. 이와 별도로 중국은 호주 안보 문제에서 매우 중요한 남태평양 섬나라들에 미국과 호주의 영향력을 대체하려는 행보를 보였다. 이런 상황에서 2020년 4월과 7월 스콧 모리슨(Scott Morrison) 총리가 코로나19 발원지에 대한 공식적인 국제 조사를 촉구하자, 중국은 이에 발끈해 호주산 보리 수입을 중단하고, 호주산 와인에 엄청난 추가 관세 부과와 랍스터, 밀, 양모 등의 수입을 제한하는 등 즉각 경제 보복에 나섰다. 하지만 정작 중국에 꼭 필요한 품목인 석탄과 철광석 등은 강하게 건드리지 못해서 호주 경제 전반에는 별다른 타격을 입히지 못했다. 이후 3년만인 2023년부터 중국이 보복 조치를 거둬들이며 정치 및 무역 긴장이 다소 완화됐지만, 향후 중국의 더 큰 공세에 맞설 필요가 있다는 국가적 공감대 속에 노동당 출신의 앤서니 앨버니지(Anthony Albanese) 신임 총리는 2023

년 4월 새로운 국방 전략 검토에 따라 30년간 이어온 국방 정책을 전면 쇄신하겠다고 발표했다. 이는 사실상 중국을 상대로 군사적 억제 전략을 펼치겠다는 뜻이며, 미국을 비롯한 동맹국과의 긴밀한 협력은 물론 전면적인 군비 확장에 나서겠다는 의미다.[16]

하나가 된 두 반구

이들 주요 세 나라는 지난 20년 동안 중국의 경제적 부상을 '윈-윈' 기회로 삼아왔다. 그러나 중국과의 관계가 갈수록 경색됨에 따라 이제는 자국 보호를 위해서라도 미국에 더 의존해야 할, 적어도 더 의존하는 모습을 보여야 할 국면에 처해 있다. 강대해진 이웃 국가와 경제적 이익을 계속 모색하는 전략과 안보 강화를 위해 미국과 더 친밀한 관계를 유지하는 전략 사이에서 결국 후자를 택할 수밖에 없는 상황이다.

이 같은 전략적 판단의 이면에는 2022년 이후 한층 긴밀해진 중국과 러시아의 관계가 자리 잡고 있다. 지난 냉전이 종식된 이래 한국과 일본은 러시아와 우호적 관계를 유지해왔다. 한국은 러시아에 자동차와 전자제품을 대규모로 수출했고, 그에 상응하는 광물과 에너지 자원을 수입했다. 그런데 한국이 러시아에서 수입한 주요 석유화학 연료 나프타(naphtha)와 원자력 발전용 농축 우라늄은 전체 물량의 25%인 데 반해, 러시아 관점에서 한국과의 무역 총액은 2021년 기준 340억 달러로 전체의 2.2%에 불과했다.[17] 더욱이 한국은 러시아가 북한 정권에 지원을 늘리지 않도록 모스크바와 좋은 관계를 이어갈 필요가 있었다.

일본도 모스크바와 좋은 관계를 유지해야 할 나름의 이유가 있었다. 일본 정부는 2011년 3월 동일본 대지진과 쓰나미로 비극적인 방사능 유출 사고가 일어난 후쿠시마 원전을 폐쇄했고, 이후 석유와 천연가스 상당량을 러시아에서 수입해 충당했다. 일본 기업 몇 곳은 홋카이도 북쪽 사할린 가스전에 큰 지분을 보유하고 있었다.

그리고 러시아가 북한과 유대 관계를 맺고 있는 한 북한 정권의 미사일 도발을 견제하려면 러시아와의 연결 고리를 쥐고 있을 수밖에 없었다. 게다가 일본은 제2차 대전 말 러시아가 확보한 쿠릴 열도 4개 섬을 반환받고자 오랜 기간 모스크바를 설득해왔다. 아베 총리는 2012년부터 2020년까지 두 번째 임기 내내 스물일곱 차례나 푸틴 대통령을 만나면서 협상 타결을 이끌어내려고 부단히 노력했었다.

하지만 2019년부터 일본 정부는 푸틴이 결코 그 섬들을 반환하지 않으리라는 사실을 깨달았다.[18] 하물며 우크라이나를 침공하고 중국과 더 밀착한 지금 상황에서 러시아가 반환 협상에 적극적으로 나서거나 북한의 미사일 도발을 견제하는 데 도움을 줄 가능성은 아예 없다고 봐도 무방하다. 그렇기에 현재 국면에서는 일본은 물론이거니와 미국의 다른 두 주요 태평양 동맹국인 한국과 호주 역시 중국 및 러시아와의 관계를 우선시하기보다 자국 안보에 집중해 미국과 보조를 맞추는 것이 현명한 판단으로 보인다. 러시아와는 어느 정도 거리를 벌리고 중국에 대해서는 더 견고한 울타리를 둘러야 한다.

이렇듯 급변한 지정학적 역학 관계는 미국의 대서양 동맹과 태평양 동맹을 한곳으로 집결하도록 이끌었다. 이 또한 신냉전의 또 다른 특징이라고 할 수 있다. 유럽에 대한 미국의 헌신을 유지하기 위해 대서양 동맹국들이 중국과 러시아의 위협에 관심 있는 모습을 보일 필요가 있는 것처럼, 태평양 동맹국들도 중국과 러시아를 좌시하지 않는 모습을 보여야 미국이 해당 지역의 안보를 보장할 명분을 확보할 수 있다.

2022년 4월 한국, 일본, 호주는 뉴질랜드, 싱가포르와 함께 그해 2월부터 시작된 러시아 경제 제재 조치에 처음으로 동참했다. 대서양 동맹국들의 제재 분야를 그대로 따르지는 않았지만, 금융 등 주요 부문은 똑같이 적용했고 이후로도 계속해서 서방 동맹과 함께 제재를 확대해 나가기로 약속했다.[19] 이 가운데 싱가포르를 제외한 모든 국가의 대통령과 총리가 2022년 6월 스페인 마드리드에서 열린 나토 정상회의에 참석해 러시아의 침략에 맞서고 중국의 안보 위협 문제에 대처하기로 합의했으며, 2023년 7월의 빌뉴스 정상회의에서도 러시아에 대응하기 위한 추가 제재 사안을 논의했다.

2021년 9월에는 오랜 동맹국인 호주, 영국, 미국이 각 국호의 첫 글자를 딴 '오커스(AUKUS)' 협정을 맺은 바 있다. 세 나라가 군사적 응용이 가능한 첨단 기술을 공동 개발하고, 미국의 고농축 우라늄 원료 제공으로 2030년대 말까지 호주 해군이 핵 추진 잠수함 함대를 보유한다는 내용이었다. 여기에 한국, 일본, 뉴질랜드 등이 협력국으로 언급됐다. 호주는 이 잠수함 함대를 동맹국들과 함께 남태평양에서 남중국해까지 중국의 해군력 증강을 감시하고 억제하는 데 활용할 것이다.

일본은 2023년 1월 영국과 '상호 접근 협정'을 체결함으로써 유사시 영국 정부가 일본으로 즉각 군대를 파견할 수 있게 됐다.[20] 이전에도 영국의 유로파이터 타이푼(Eurofighter Typhoon) 전투기 편대가 일본 항공자위대와 함께 훈련했고, 2021년 여름에는 미국 및 네덜란드 공군과 해군을 지원하는 영국의 항공모함 전단이 남중국해를 거쳐 도쿄 인근 해상까지 접근하기도 했다. 한편 프랑스는 자국과의 계약을 파기하고 오커스 협정을 통해 핵 추진 잠수함 지원을 받기로 한 호주 정부와 갈등을 빚기도 했으나, 아시아-태평양 지역 해군 배치와 훈련만큼은 계속 강화했다. 미국과 대서양-태평양 동맹국들은 해상 무역의 상당 부분이 남중국해와 동중국해를 가로질러 이뤄진다는 사실을 명확히 인식하고 있으며, 전략적으로도 이를 중국에 양보할 생각이 절대로 없다. 2015년 일본 정부의 주도로 구체화한 '자유롭고 열린 인도-태평양(FOIP)' 구상은 새로운 대서양-태평양 동맹의 결속을 다지는 강력한 슬로건이 됐다.

대서양-태평양 동반자 관계의 구심점

대서양과 태평양 반구에 걸친 주요 자유민주주의 국가들을 모두 연결할 공식 협의체는 아직 없지만, 현재로서는 G7이 그 역할을 어느 정도나마 하고 있다. 최근 G7은 중국과 러시아의 위협에 대응하기 위한 공조의 장으로 변모했다.

G7의 기원은 1973년 제1차 석유 파동 대응책을 마련하고자 미국을 중심으로 가장 가까운 동맹국들인 영국, 프랑스, 독일(당시에는 서독), 일본의 재무장관이 한자리에 모였던 때로 거슬러 올라간다. 이후 1975년 제2차 석유 파동을 거치면서 G5로 공식화했고, 1977년까지 캐나다와 이탈리아가 합류해 G7이 됐다. 1981년부터는 현재의 EU도 공식 초청을 받아 참여하기 시작했으나 명칭은 G7을 유지하다가, 1994년 러시아의 가입을 승인하며 G8으로 발전했다. 그러나 2014년 러시아가 우크라이나 크림반도를 강제 합병하자 자격을 박탈하고 G7으로 회귀했다. 2022년 기준 G7 국가의 GDP는 전 세계의 45%, 국방비 총합은 50%를 차지한다. 그리고 EU는

'비열거 회원국'이지만 EU 27개국 전체에 대한 무역 및 대외 정책 조정과 제재 권한을 갖고 있기에 G7의 글로벌 영향력을 뒷받침한다.

글로벌 경제 및 금융 조정의 장으로 출발한 G7은 점점 더 막강한 힘을 갖게 됐다. 1980년대 G7은 이란−이라크 전쟁과 소련의 아프가니스탄 침공 같은 국제 안보 문제에 공통된 입장을 발전시켰다. 1990년대에는 글로벌 부채 관리로 의제를 확장했고, 2000년대부터는 지속 가능 개발과 기후 변화 대응 전략을 조율해왔다. 2008년~2009년 글로벌 금융 위기를 극복하는 동안 전 세계 주요 20개국 재무장관 정례 회의가 EU를 포함하면서 '국제 경제 최고 조정 기구' 역할을 하게 되자 'G20' 정상회의로 자리 잡아 G7의 역할이 유명무실해지는 듯 보이던 시기도 있었다. 하지만 중국과 러시아의 위협이 신냉전 구도를 형성함으로써 G7이 다시 전면으로 나서기 시작했다.

현재 G7은 미국, 영국, 벨기에, 캐나다에서 수립한 제재 계획 간 일관성을 검토하고 한국, 일본, 호주와 조율하는 본부 역할을 하고 있다. 중국과 러시아와의 무역 및 투자 규제 범위도 조정한다. 나아가 G7은 2022년 재닛 옐런(Janet Yellen) 미국 재무장관이 "프렌드−쇼어링(friend-shoring)"이라고 표현한 동맹국 간 협력으로 반도체 등 민감한 산업 분야에서 첨단 기술과 녹색 기술의 중국 의존도를 대폭 낮추고 안전한 공급망을 새롭게 구축할 가장 효과적

인 방안도 모색하고 있다.[21]

지난 2021년 영국이 G7 의장국을 맡았을 때 보리스 존슨(Boris Johnson) 총리가 한국, 호주, 인도를 공식적으로 포함해 G7의 외연을 확대하자고 제안했지만, 당시만 해도 회원국들은 확대 그룹을 비공식적으로 유지하고 싶어 했다. 그런데 이제는 한국과 호주 등 G7＋ 국가 그룹의 협조 없이 기존 G7 사이의 효과적인 조정과 공통된 접근을 도출해내기가 어려워졌다. 아무리 서로 우방국이라고 할지라도 미국과 EU가 녹색 산업과 관련해 보조금 경쟁을 하는 과정에서 이미 드러났듯이, 국내 경제가 압박을 받으면 협력은 그다음 일이 돼버릴 수 있다. 그뿐만 아니라 '같은 관점'을 가진 나라들이라도 문화적·정치적 차이가 깊어지면 그대로 걸림돌이 된다. 미국과 유럽의 정보 공유 접근 방식 차이는 대서양 동맹 관계에서 해묵은 골칫거리다. 그리고 2023년 6월 한국과 일본이 무역 분쟁을 풀고 정보 공유 체계를 정상화하기로 합의한 이면에는 미국의 끈질긴 압력이 있었다. 한국과 일본의 오래된 정치적 갈등은 차치하더라도, 일본이 한국을 강제 점령하고 있던 시기 일본군 위안부로 고통받은 여성들에 대한 일본 정부의 태도 문제가 2019년 크게 불거지면서 경색된 양국 관계를 미국이 급하게 이완시킨 측면도 있다.[22] 어쨌든 결과적으로는 한일 양국이 미국과 함께 서로 같은 방향을 보게 됐지만, 미국의 태평양 동맹국들 역시 대서양 동맹국들과 마찬가지로 이웃 국가들과 복잡한 이해관계로 얽혀 있는 데다 국내 경제 안정화가 상대적으로 더 시급하기에, 미국의 지원을 받더라도 너무 빨리 중국과 경제적 대립 구도를 형성해야 하는 현 상황이 부담스러울 수밖에 없다.

하지만 그렇더라도 어쩔 수 없는 게 지금의 현실이다. 지난 10년 중국과 러시아의 거침없는 행보가 이 두 나라 사이에 전례 없는 공통 목적을 창출해냈다. 두 국가는 너무 일찍 붙었다. 중국과 러시아가 더욱 공고하게 한 축을 이루며 서로를 의지해가는 현실이 자유민주주의 진영의 협력 욕구를 그 어느 때보다도 강하게 자극하는 것이다.

또 한 가지 중요한 쟁점이 있다. G7을 중심으로 미국이 주도하는 대서양–태평양 동반자 관계가 신냉전의 결과에 어떤 영향을 미칠지는 또 다른 방향, 즉 글로벌 사우스 국가들의 점점 커지는 경제적·외교적 위력이 좌우할 수 있다. 이 대규모 국가 그룹은 비동맹국들로 흩어져 있을 때는 갖지 못했던 지정학적 힘을 이제 자석처럼 끌어들이고 있다.

제8장

목소리를 찾아가는 비동맹 세력

현재 미국과 동맹국들은 전 세계 인구의 14%와 전체 GDP의 50%를 점유하면서 그 비중이 다소 줄어들었지만, 지난 냉전 시대에 결성된 77개 개발도상국 연합체로 출발한 이른바 'G77(Group of 77)' 비동맹 세력은 그사이 거의 두 배로 커졌다. 인도, 인도네시아, 나이지리아, 브라질 등 인구가 많은 국가를 포함해 전 세계 인구의 65%와 GDP의 30%를 G77 국가들이 차지하고 있다(1963년 출범 당시 77개국이던 G77 가입국은 2023년까지 134개국으로 늘었다_옮긴이). 중국도 'G77＋중국'으로 불리며 정상회의에 참석하는 등 영향력을 행사하고 있으나, 스스로 회원국이라고 여기지는 않는다.

이 비동맹 세력의 공통된 특징은 지난 냉전 때의 경험을 반복하지 않겠다는, 다시 말해 자국의 미래와 세계의 방향을 신냉전이 좌우하게 하지 않겠다는 의지가 강하다는 것이다. 이들 국가의 지도자들은 주요 권위주의 국가와 민주주의 국가 사이의 패권 경쟁에서 들러리가 되기를 거부한다. 심지어 자국의 정치 체제와 일치하는 강대국에도 충성할 필요가 없다고 믿는다. 대신 철저히 실리를 추구해 한편으로는 중국과 러시아, 한편으로는 미국과 그 동맹국 사이에서 삼각 관계를 형성함으로써 자국의 경제와 안보를 강화하려고 한다.

비동맹 세력의 진화

지난 냉전 시대에도 비동맹국들은 미국과 소련의 틈바구니에서 벗어나 독립적인 미래를 추구하고 싶어 했다. 상당수는 1950년대 ~1960년대에 이르러서야 비로소 주권과 자결권을 확보한 국가들이었다. 제2차 대전이 끝나고 영국과 다른 유럽 제국들이 국내 경제 재건 문제에 더해 전후 소련의 지원을 받게 된 기존 식민지들의 거센 저항이 이어지자 통치를 포기하고 물러선 시기였다.

그러나 이 나라들은 자국의 운명을 좌우한 세계사적 맥락과 무관하게 냉전은 그들만의 리그일 뿐 자신들의 미래와는 아무런 상관이 없음을 금세 깨달았다. 당시 이들 국가의 경제력은 너무 미미한 데다 동떨어져 있어서 대안적인 경제 지대를 형성하지 못했고, 스스로 무역 조건을 설정할 만큼 충분히 발전하지도 못한 상황이었다. 1980년대에 들어서도 G77 국가들의 연평균 실질 소득은 OECD(경제협력개발기구) 선진국의 15% 수준이었다.[1] 게다가 턱없이 부족한 군사력은 이들을 국제 안보 환경의 기여자가 아닌 소비자로만 머물게 했다. 냉전 기간 미국과 소련은 사하라 이남 아프리카, 중동, 중남미, 남아시아, 동남아시아 등 세계 곳곳에서 다른 나라를 이용해 사실상 대리전을 치르게 했는데, 앙골라나 니카라과처럼 아예 대놓고 반란 자금을 지원하거나, 아니면 더 자주 그랬듯이 집권하면 조금이라고 패권 경쟁에 도움이 될 만한 충성스러운 정권을 전폭적으로 지원했다. 이는 미국이 아르헨티나, 칠레, 파키스탄의 군사 정권과 훗날 이집트, 사우디아라비아의 독재 정부를 지지하고, 소련이 쿠바, 에티오피아, 니카라과, 시리아 같은 사회주의 국가를 지지한 단순하기 그지없던 논리였다.

그렇지만 이번에는 상황이 다르다. 크게 세 가지가 달라졌다. 첫째, 민족자결주의와 소련 해체를 경험하면서 전 세계 국가 수가 눈에 띄게 증가했다. 냉전이 한창이던 1980년에는 유엔 회원국이 154개국이었지만, 2023년에는 195개국으로 늘었다. 둘째, 의학 및 의료 기술 발달로 인구 고령화와 더불어 산전·산후 관리가 개선되면서 전 세계 인구 또한 크게 늘었다. 2023년 기준 전 세계 인구 80억 명 가운데 비동맹국들의 인구만 약 50억 명이다. 셋째, 미국이 30년 동안 주도한 경제 세계화와 중국의 글로벌 상품 및 인프라에 대한 대규모 투자로 지난 10년간 비동맹국들의 상대적 경제 비중이 급격히 높아졌다. 이전까지는 동남아시아 국가들이 주요 성공 사례였다. 그런데 인도만 보더라도 성장세가 매우 두드러져서, 이 정도 속도라면 2050년에는 EU를 훌쩍 추월하고 금세기 후반에는 미국이나 중국과 함께 세계 2위~3위의 경제 대국이 될 전망이다.[2] 걸프 지역 국가들의 경우 더 전략적이고 과감하게 부를 투자해 신흥 개발도상국들이 대거 참여하는 세계 무역의 허브로 바뀌고 있다. 세계 무역 패턴이 변화함에 따라 이른바 '남-남(South-South)' 협력으로 무역량도 2005년 17%에서 2021년 28%로 확대됐으며, 그

요인 중에는 중국의 성장을 뒷받침한 원자재 수출이 증가한 것도 있다.[3]

하지만 최근 아르헨티나, 가나, 잠비아 같은 나라들의 심각한 경제난과 리비아, 소말리아, 수단, 아이티 및 중남미 국가 대부분에서 내부 불안정이 계속되는 등 여전히 많은 비동맹국들이 지속 가능한 성장을 달성하고 있지는 못한 상황이다. 나쁜 통치를 기본으로 서구 민간 브로커들과 러시아 또는 중국의 공식 지원으로 활개치는 도둑 정치, 민족적·종교적 폭력 등이 글로벌 사우스 국가들을 아직도 괴롭히고 있다. 더욱이 세계 질서 규칙을 세우는 국제기구에서도 이들의 목소리를 무시하기 일쑤다.

그렇더라도 달라진 것은 확실하다. 전체적으로 보면 비동맹 세력의 세계 경제와 무역에서 차지하는 비중이 커지면서 자연스럽게 지정학적 변화에 영향을 미칠 잠재력도 높아지고 있다. 비동맹국들은 적어도 구냉전 때보다는 훨씬 강력한 위치에 서 있으며, 양쪽 진영 사이에서 삼각 관계를 형성해 국가적 이점을 확보한다는 전략도 단순한 희망 사항은 아니다.

삼각 관계를 위한 새로운 기회

방금 언급했듯이 인도가 특히 그 역할을 잘하고 있다. 인도는 인구가 가장 많은 민주주의 국가이면서도 미국이나 유럽 동맹국들 편에 붙어 한쪽만 동조하지 않는다. 민주주의 진영이 한마음으로 우크라이나를 침공한 러시아에 경제 제재를 가할 때도, 동참하기는커녕 오히려 석유 수출길이 막힌 러시아에 물꼬를 틔워주면서 2022년 중반 이후부터 수입을 열 배나 늘렸다. 그리고 한술 더 떠 수입한 석유 일부를 정유해 러시아에서 직접 수입을 금지한 유럽 및 서구 국가에 되팔았다.[4] 그런데 지난 냉전 초기부터 계속 사들여 2013년~2017년만 해도 군비 65%를 채웠던 러시아산 무기 수입량은 우크라이나 침공에 대한 보복으로 서방 세계가 러시아에 무기 수입 제재를 가하기 전인 2018년~2022년 초반에 이미 45%로 비중을 떨어뜨렸었다. 인도는 이때 미국과 프랑스의 무기 수출 경쟁을 한껏 이용해 그쪽에서 군비를 충당했다.[5]

얄미운 짓 같아도 인도 정부로서는 지극히 논리적이고 당연한 처사다. 사실 미국은 더했다. 미국은 파키스탄이 군사 정권하에 있을 때도, 2001년 12월 인도 의회 테러로 9명이 사망하고 2008년 11월 뭄바이 타지마할 호텔 테러로 175명의 민간인 사상자가 발생하던 시기에도 파키스탄에 막대한 자금 지원은 물론 각종 첨단 무기까지 팔아치웠다. 그에 비하면 러시아는 인도가 파키스탄뿐 아니라 국경을 맞대고 있는 또 다른 분쟁국 중국으로부터 자국을 보호할 첨단 무기를 안정적으로 공급해준 나라였다.

오래전부터 인도는 중국의 경제적·군사적 부상을 우려해왔고,

1996년 정해놓은 국경 지역의 '실질통제선(LAC)'을 두고 최근 몇 년 동안 중국과 갈등을 빚으면서 그 우려가 더욱 깊어진 상황이다. 그래서 모디 정부는 2021년 9월 미국, 인도, 호주, 일본 4개국의 안보 협의체 '쿼드(Quad)'를 장관급 회의에서 정상급 회의로 격상하자는 바이든 행정부의 제안을 받아들인 것이다. 현재 이들 4개국은 합동 해상 훈련과 해적 및 불법 어업 퇴치 작전은 물론 미래에 다시 겪을지 모를 전염병 관리를 위한 백신 개발에 이르기까지 안보 분야에서 군사적·경제적 노력을 함께해나가고 있다.[6]

인도의 일관성 없는 대외 정책이 되레 유리하게 작용한 측면도 있다. 2023년 6월 모디 총리를 국빈으로 초청한 미국은 인도에 수출할 전투기 엔진, 정밀 유도 미사일, 장거리 드론 등을 열심히 소개했다.[7] 미국은 인도가 자체적으로 민간 핵 시설 운용에 필요한 우라늄 농축 기술을 확보할 수 있도록 지원하겠다고도 약속했다. 영국과 EU 또한 우크라이나 지원 기조와는 상관없이 인도와 자유무역협정(FTA)을 체결하고자 공동으로 애쓰고 있다.

걸프 지역 국가 중 미국의 전통적인 우방국인 사우디아라비아 왕국도 인도와 유사한 전술을 펼치고 있다. 무함마드 빈 살만 왕세자의 야심 차고 가차 없는 리더십 아래 사우디아라비아는 미국의 충실한 추종자에서 더 독립적이고 독단적인 외교 정책을 취하는 국가로 방향을 틀었다. 앞서 언급한 것처럼 사우디아라비아는 2016년 말 오펙 석유 카르텔을 대폭 확대해 비회원국이던 러시아와 다른 9개 산유국을 합쳐 오펙플러스를 구성했다. 우크라이나 문제에도 아랑곳하지 않고 러시아와 긴밀히 협의해 석유 생산량을 조절하고 있으며, 2022년 여름 바이든 행정부가 가격 폭등을 우려해 공식적으로 증산을 요청했는데도 응하지 않았다.

이와 동시에 사우디아라비아는 중국과도 관계를 심화해왔다. 오바마 행정부 시절 이뤄진 핵 합의가 깨진 뒤 이란이 계속 고농축 우라늄 재고를 늘려가는 상황 속에서도 사우디아라비아는 2023년 3월 중국의 중재를 받아들여 국교를 단절한 지 7년 만에 이란과 외교 관계를 회복했다. 중국에도 대규모 석유 수출 판로가 트이자 무함마드 빈 살만은 미국이 기술 및 시장 접근을 차단한 많은 중국 기업과도 제휴를 맺어 자신의 왕국을 더 다각화한 경제로 전환하려는 '비전 2030(Vision 2030)' 계획에 대거 참여시켰다. 이 밖에도 그는 최근 급증한 달러 보유액 일부를 AI를 비롯해 첨단 기술 분야에서 한창 미국과 경쟁 중인 중국 기업들에 투자했다.[8]

튀르키예와 브라질 등 다른 국가들도 신냉전 국면에서 더 큰 힘을 얻고 있다. 튀르키예는 비동맹국도 아니고 엄연히 나토 회원국으로서 우크라이나에 주요 무기를 공급해왔다. 그러나 레제프 타이이프 에르도안 대통령은 우크라이나 침공 이후에도 러시아와 무역 관계를 더 확대했고, 핀란드와 스웨덴의 나토 가입을 지원한 것도 튀르키예의 EU 가입 협상을 재개하려는 의도였다. 룰라 다 시우바(Lula da Silva) 대통령이 자신을 자이르 보우소나루(Jair Bolsonaro)

전임 대통령과 달리 포퓰리즘적 권위주의 위협에 맞서는 민주주의의 보루라고 주장하는 브라질 역시 중국에 가장 많은 농산물을 수출하고 있으며, 중국과 더 긴밀한 경제 관계를 구축해 미국의 경제적 지배에 대응하는 것을 외교 정책의 우선순위로 삼고 있다.[9]

자신들만의 맞춤형 코스

모든 국가는 자국의 이익을 우선시하므로 비동맹국들의 이런 줄타기가 당연히 잘못은 아니다. 하지만 이를 지렛대 삼아 장기적 발전을 이루지 못한다면 후유증만 남기는 일시적 효과로 끝날 수 있다. 비동맹 세력 대부분은 여전히 상당 수준의 불안 요인이나 국가 내부의 구조적 한계 때문에 큰 어려움을 겪고 있다. 일테면 인도는 엄청난 경제적 잠재력을 지니고 있지만, 분열된 연방 정치 체제, 지역별 에너지 및 교통 인프라 격차, 두텁지 못한 중산층, 불투명한 사업 관행, 외국인 투자자들에 대한 신뢰 부족 등이 계속해서 발목을 잡고 있다. 사우디아라비아는 화석 연료 의존도를 대폭 낮춰서 경제를 성공적으로 다각화하기에 아직 갈 길이 멀다. 이들 국가 모두 공공 보건과 교육의 질적 향상에도 더 많은 투자가 필요하다. 삼각 관계는 국가 내부적으로 경제 운명을 더 광범위하게 통제하고 선진국에 대한 의존도를 낮출 수 있을 때라야 가치가 있다.

물론 인도와 사우디아라비아는 이를 위해 최선을 다하고 있다. 인도는 최근 몇 년 동안 광대역 통신 인프라 확충을 위해 엄청난 자금을 투자했다. 현재 인구 절반을 훌쩍 뛰어넘은 8억 명이 인터넷을 사용하고 있으며, 정부 차원에서 시민들에게 더 효율적인 서비스를 제공하고자 주기적으로 새로운 디지털 도구도 선보이고 있다.[10] 사우디아라비아는 도시 현대화에 박차를 가하려고 중국에서 5G 등 통신 기술을 적극적으로 들여오고 있는데, 더 속도를 내서 성장하고 싶은 지도부의 욕구가 미국과 대립각을 세우게 된 요인이기도 하다.

다른 많은 비동맹국도 강대국들만의 산업화 역사에서 한 걸음 벗어나 자국 시장을 보호하고 자신들만의 맞춤형 코스로 외국 기업과 외국인 투자자를 유치하고자 애쓰고 있다. 기존처럼 고부가 가치 제품을 수입하는 대신 자체 생산하고 수출까지 해서 경제 가치를 끌어올리고 싶어 한다. 인도와 사우디아라비아는 단순히 새로운 무기를 값싸게 들여올 수 있어서라기보다 자국 방위 산업 육성 명분을 확보하기 위해 미국과 중국의 경쟁을 십분 활용하고 있다. 인도네시아와 칠레는 기존 리튬 원재료가 아닌 더 비싼 가공품을 생산해 수출하고자 자체 가공 기술을 끌어올리는 데 투자를 아끼지 않고 있다. 인도네시아의 경우 외국 자동차 제조업체가 처음부터 인도네시아에 공장을 두고 전기자동차를 생산하도록 온갖 혜택을 제공하고 있다.[11]

아프리카 국가들은 녹색 에너지 전환에 필수적인 광물 매장량을 고려할 때, 그리고 중국이 선견지명을 발휘해 이런 자원을 먼저 확보하려고 일찌감치 투자에 뛰어들었다는 점에서 잠재적으로 유리한 위치에 있다. 깜짝 놀란 미국과 유럽 동맹국들이 따라잡기 위해 안간힘을 쓰고 있는 상황에서 아프리카 국가 정부와 기업들은 투자 조건을 협상할 때 큰 입김을 낼 수 있게 됐다.

동남아시아 국가들은 그들대로 기회가 있다. 중국 기업들은 물론 다른 외국인 투자자, 특히 G7 국가에 속한 기업들이 저렴한 인건비 혜택을 누릴 수 있을뿐더러 향후 미중 관계가 더 악화하더라도 수출에 타격을 거의 입지 않을 수 있는 동남아시아로 생산 시설을 이전하거나 신설했다. 베트남과 말레이시아가 이른바 '차이나 플러스 원(China Plus One)' 또는 '차이나 플러스 투(China Plus Two)' 전략의 가장 큰 수혜국이다. 매우 부러웠는지 인도 정부도 미국과 주요 글로벌 기술 기업들의 중국 기반 공급망 일부를 인도로 옮겨달라고 줄기차게 요청하고 있다. 그런데 굳건히 중국 생산 비중을 낮추지 않는 기업도 있다. 놀랍게도 애플은 2023년에도 아이폰, 아이패드, 아이맥 제품의 무려 95%를 여전히 중국에서 생산했다.[12]

비동맹국들은 다른 방식으로도 강대국들을 모방한다. 지역적으로 호혜적인 기반 위에서 자국과 이웃 국가의 시장에 더 손쉽게 접근할 수 있게끔 무역 그룹을 확대 구성하고 있다. '아세안(ASEAN/동남아시아국가연합)' 10개 회원국은 비록 진척 속도는 다소 느리더라도 꾸준히 서로 합의해 시장 개방 과정을 이어가고 있다. 3조 6,000억 달러 규모의 '연합 시장'이 2023년 기준 4.5% 이상 더 성장했다. 2017년 미국이 협상에서 물러난 뒤 일본 주도로 환태평양 14개국이 '포괄적·점진적 환태평양 경제 동반자 협정(CPTPP)'을 체결했다. 아프리카 국가들은 2019년 마침내 '아프리카 대륙 자유무역지대(AfCFTA)'를 결성해 54개 국가와 3개 지역 경제 집단 사이 역내 관세 장벽을 낮추기 시작했다.

그래도 아직 갈 길이 멀다. '메르코수르(MERCOSUR/남미공동시장)'에서 '안데스공동체(CAN)'에 이르기까지 중남미 국가들의 오랜 무역 협정은 여전히 파편적이고 반쪽짜리 형태로 남아 있으며, 중동의 '걸프협력회의(GCC)'는 2021년 7월 사우디아라비아가 자국에 더 많은 외국인 투자를 유치하려고 걸프 지역 국가들과의 무역에 다른 장벽을 도입하자 유명무실해졌다. 한편 미승인국 서사하라(Western Sahara)를 둘러싼 오랜 갈등 때문에 이웃 국가 모로코와 알제리는 지역 무역과 투자에 걸림돌로 남아 있다.

신냉전은 단기적으로 볼 때 비동맹국들에게 힘을 실어준 측면이 있지만, 장기적으로는 크게 세 가지 원인이 비생산적인 결과를 초래할 수 있다. 첫 번째는 만약 이 경쟁이 전쟁으로까지 확대된다면 삼각 관계가 깨지고 만다는 것이다. 전쟁 시에는 G7 공급망에 중국이나 러시아 물량이 들어갈 수가 없을 테니 기존의 '차이나 플러스 원' 전략은 무의미해진다. 러시아의 에너지로 생산한 인도산 제품의 대미 수출길도 막힌다. 미국이 사주기는커녕 징벌적 규제 대상으로 분류될 것이다. 전쟁에 양다리는 없다. 표적 제재가 삽시간에 늘어나고 광범위한 경제적 디커플링으로 이어져 비동맹국들은 그대로 고립된다. 어차피 신냉전의 주역들은 조금 불편해도 대규모 내수 시장과 동맹국들의 보호된 공급망으로 되돌아가면 된다.

두 번째는 자국의 체제 유지를 위해 언제든지 강대국들 사이의 삼각 관계를 깨뜨려버릴 수 있는 국가가 적어도 두 곳은 있다는 것이다. 다름 아닌 북한과 이란이다. 이 두 나라는 자국 지역의 안보 질서 따위 신경도 쓰지 않는다. 오히려 혼란스럽기를 바라고 실제로 혼란을 일으킨다. 북한은 안정적이지도 못한 불법 핵무기를 계속 만들고, 이란은 미국의 주요 중동 동맹국인 이스라엘을 자극해 폭력 공격을 부추기며 어떻게든 중동에서 미국의 영향력을 약화하려고 애쓴다. 지정학적 분열이 심화하는 상황 속에서 김정은이 더 정교한 무기를 얻으려고 2023년 9월 푸틴을 만난 행동이나, 알리 하메네이(Ali Khamenei)가 2023년 10월 이스라엘 민간인들을 대상으로 끔찍한 테러를 감행한 팔레스타인 무장 정파 하마스(Hamas)를 지지하고 지원한 행동 모두가 이 두 독재자에게는 마치 면책특권처럼 느껴졌을 것이다.

세 번째는 다음 장에서 자세히 살펴볼 기후 변화 때문이다. 전 세계가 직면한 기후 변화 위기를 극복하려면 반드시 글로벌 노스와 글로벌 사우스 전체가 협력해야 한다. 하지만 이 협력을 이뤄내기가 점점 더 어려워지고 있다. 더욱이 기후 변화는 가난한 국가에 훨씬 더 치명적이다.

제9장

더 어려워지는
기후 변화 대응

★

　20세기 후반의 글로벌 의제는 온통 지난 냉전이 지배했다. 나토와 바르샤바조약기구의 대규모 군사 대치, 핵 아마겟돈(Nuclear Armageddon)의 망령, 미소 양국의 우산 바깥에 있는 사람들에게 공포와 불안을 초래한 세계 곳곳의 대리전 등으로 점철된 시대였다.

　반면 신냉전은 1990년 이전에는 글로벌 의제로 거의 거론되지 않았던, 이번에는 핵이 아닌 다른 차원의 아마겟돈에 맞서야 할 초국가적 협력을 심각하게 방해하고 있다. 앞으로 20년 안에 지구 평균 온도가 산업화 시대 이전 수준보다 섭씨 2도 더 높아진다면, 지금과는 비교할 수 없을 정도의 재앙적 환경 파괴와 기상 이변이 일어나 문명 붕괴로까지 이어질 가능성이 크다.

　지구 온난화는 인간이 초래했으므로, 그것을 막는 일도 인간이 해야 한다. 인구 관리와 녹색 에너지 전환이 가장 시급하다. 지속적인 인구 증가 추세를 보이는 인도, 이집트, 나이지리아, 브라질 등의 인구 조절 정책, 지속 가능 경제 성장과 재생 가능 에너지의 결합이 기술적·재정적으로 가능한 미국, 중국, 벨기에 등의 협력, 새롭게 산업화하고 있는 개발도상국들의 녹색 에너지 조기 전환 의지가 동시다발적으로 이뤄져야 한다. 글로벌 사우스 국가들은 계속 증가하는 빈곤 인구의 생활 수준을 개선할 복지 정책에 집중해야 한다.

이 모든 것들을 일상적이고 지속 가능한 방식으로 달성하기 위해서는 부유한 글로벌 노스 국가들의 사심 없는 지원이 꼭 필요하다. 관건은 신냉전 상황에서도 이들 국가가 인류와 지구의 운명이 달린 지원에 적극적으로 나설지, 아니면 지정학적·이데올로기적 갈등에 매몰돼 결국 책임을 저버리고 말 것인지다.

모든 것에 우선하는 지구적 진실

2000년대에 접어들면서 세계화로 이룬 인류의 놀라운 진보가 심각한 폐해를 동반해왔다는 자기반성이 확산하기 시작했다. 그런 폐해 가운데는 토지 황폐화, 해양 산성화, 생물 다양성 감소 같은 문제도 있었지만, 무엇보다도 막대한 탄소 배출이 지구 온난화로 이어져 치명적인 기후 변화를 초래한다는 것이었다.

인간 활동이 지구 기온 상승과 기후 패턴 변화를 좌우한다는 사실은 의심할 여지가 없다. 19세기 초 산업혁명이 시작되기 전 2,000년 동안 지구 대기 중 이산화탄소 평균 농도는 280ppm(0.028%)밖에 되지 않았다. 그러나 산업혁명 이후 초반에는 완만한 증가세를 보이다가 1950년대부터 급격히 높아져 2022년에는 산업화 이전보다 50% 증가한 417ppm(0.0417%)에 도달했다.[1] 매우 적어 별로 문제 될 게 없어 보이지만, 이 정도 양으로도 우주로 빠져나가야 할 복사 에너지가 대기 중에 붙들려버린다. 그러면 당연히 지구 기온이 상승하는데, 1896년에서야 대기 중 이산화탄소가 온실 효과를 유발한다는 사실이 과학적으로 증명됐다.[2]

이 과정이 급속히 빨라지게 된 여러 동인과 순환 요인이 있다. 우선은 석탄, 석유, 가스 등 탄소를 많이 배출하는 화석 연료로 산업과 가정에 전기를 공급해온 게 가장 큰 문제다. 석유를 자가용 자동차나 대중교통 수단의 주요 연료로 사용한 것도 또 다른 원인이다. 더욱이 농업 산업화로 엄청난 규모의 삼림을 베어내 이산화탄소를 산소로 처리하는 지구 자정 능력을 떨어뜨렸고, 토양을 경작하고 가축을 키우는 과정에서 더 많은 온실가스를 배출하고 있다. 전 세계적으로 부유해진 것도 지구 온난화를 촉진하는 데 한몫했다. 더 많은 육류 소비는 더 많은 농업 집약적 활동으로 이어졌고, 실질 소득 증가로 여행 수요가 늘자 육해공 할 것 없이 대부분 화석 연료가 쓰이는 운송 수단 수요도 함께 늘었다.

이런 과정이 되풀이되고 있다는 사실은 더 말할 것도 없다. 이 순환 고리가 지구 온난화를 가속하고 막아내기 더 어렵게 만든다. 날이 더워지면 냉방기를 가동하는데, 여기에도 대개 화석 연료로 만들어낸 에너지가 쓰인다. 실내가 시원해진 만큼 바깥 공기는 더 뜨거워진다. 따뜻해진 바다는 이산화탄소를 덜 흡수하고 그로 인해 온실 효과는 더 악화한다. 따뜻해진 겨울은 북극과 남극의 얼음이 얇아지고 있다는 증거이며, 그만큼 태양으로부터 받은 열을 우주로 더 적게 반사한다는 뜻이다.

지구 온난화는 산업화 이전 대비 지구 평균 기온을 이미 1.1도 높였고, 이 1.1도 차이로 인한 악영향도 이미 우리 눈에 보일 정도로 확산하고 있다.[3] 2019년~2023년 5년은 빙하기 이후 가장 더웠던 기간으로 기록됐다. 이 기간 전례 없는 가뭄, 산불, 홍수가 발생했고, 두 극지방의 빙하가 기록적으로 녹아내렸으며, 해양 곳곳의 산호가 표백 현상을 겪었다. 앞서 지적한 것처럼 이 추세대로 2050년까지 지구 평균 기온이 2도 넘게 올라가면, 전 세계 농업과 어업이 무너지고 극단적인 기상이변으로 인류 문명 자체가 붕괴할 만큼 치명적인 환경 피해가 초래될 것이다. 곤충이나 바이러스가 따뜻해진 북쪽으로 확산해 새로운 질병을 유발하고 급기야 전염병으로 이어질 수 있다.[4] 또 가뜩이나 스트레스가 심한 나라에서 급격한 기후 변화는 또 다른 내전과 국가 간 전쟁을 촉발할뿐더러 대규모 이민 사태도 일으킬 수 있다.

기후 변화는 국경을 초월한다. 이는 지구적 진실이다. 여기에서 자유로운 나라는 어디에도 없다. 그렇기에 전 세계 모든 국가가 참여하는 시스템 차원의 대응이 필요하다. 행동함으로써 얻게 될 집단적 이익과 행동하지 않음으로써 쓰게 될 집단적 비용 그리고 필요한 해결책의 상호 연결된 특성을 고려할 때, 기후 변화 대응은 비용을 차등적으로 분담하면서 전 세계가 조율해나가야 한다. 차

등을 둬야 하는 이유는 이른바 '기후 정의'를 고려해야 하기 때문이다. 역사적으로 탄소 배출을 많이 해온 국가들은 그에 힘입어 더 빨리 부유해졌으므로 더 큰 비용을 부담하는 게 논리적으로도 옳다. 상대적으로 빈곤하고 지구 온난화에 책임이 덜한 개발도상국에 똑같은 비용을 들이라는 것은 명백히 공평하지 않다.[5]

함께하지 않으면 감당할 수 없는 위기

좋은 소식이 있다. 대응책도 분명히 있는 데다 가격도 점점 더 저렴해진다는 것이다. 국제재생에너지기구(IRENA)가 2010년 ~2019년 전 세계적으로 설치된 재생 에너지 시설의 평균 단가를 조사한 결과 태양광 발전은 85%, 풍력 발전은 55%, 리튬-이온 배터리는 85% 하락해, 일단 설치하면 화석 연료보다 비용이 더 적게 들었다. 비용 부담이 낮아져 더 많은 재생 에너지로 대부분 차량을 충전할 수 있게 되면 도로에서의 탄소 배출량이 확연히 줄어들 것이다. 에너지 효율이 더 향상된 배터리나 녹색 수소 같은 신기술을 완성하고 저렴한 가격으로 상용화하면 지구 온난화를 확실히 막을 수 있다.

하지만 나쁜 소식도 있어서, 녹색 에너지 인프라 구축 자체에 엄청난 비용이 소모된다. 단기적이라지만 모든 국가에 경제적 고

통을 수반하는 일이다. 몇몇 선진국을 제외하고 개발도상국 이하 거의 모든 국가가 화석 연료를 토대로 에너지 및 운송 인프라를 구축해왔기에, 새롭게 녹색 에너지 인프라를 갖추려면 막대한 비용을 추가로 투자해야 한다. 그리고 비록 한 번에 일어나지는 않더라도, 새로운 일자리 창출과 더불어 기존 일자리는 사라질 것이다.

전환이 빠르면 빠를수록 좋긴 하나, 그에 따른 부작용이 나라를 휘청거리게 할 정도면 곤란할 것이다. 예를 들어 러시아, 베네수엘라, 걸프 지역과 일부 중앙아시아 국가 등 정부 예산을 국영 석유 및 가스 회사의 수익에 크게 의존해온 나라들은 녹색 에너지에 투입할 재원을 보장해줄 다른 수익 시장이 없는 한 계획 자체를 실행하기 어렵고 오히려 사회적·정치적 긴장만 키울 수 있다. 한편으로 이제 막 자국의 석유와 가스를 활용해 성장을 모색 중인 중남미와 아프리카 개발도상국들은 아예 시장이 고갈돼 단기 성장에 필요한 동력을 잃고 말 것이다. 부유한 선진국들과 달리 이들 국가의 경우 섣불리 현대식 재생 에너지 공급망을 구축하려다가는 인구 대부분이 빈곤의 늪에 빠질 수 있다. 그래서 쉽지가 않다. 모든 국가가 이 사실을 알기에 자국의 경제 성장을 담보한 채 국민의 생활 수준을 높이면서 환경도 지킬 수 있는 예측 가능하고 상호 협력적인 녹색 전환 방안을 기대한다.

2000년에서 2015년까지만 해도 세계 각국 정부가 이런 목표를 위해 힘을 합칠 수 있으리라는 것은 그저 환상이 아니었다. 국가

간 경제 관계에서 절대적 이익을 얼마든지 예측할 수 있던 시기였고, 다른 나라가 이익을 보면 내 나라도 이익을 볼 수 있던 시절이었다. 이 시기 가장 공통된 안보 위협은 국제적인 테러였다. 범세계적 공분을 불러일으킨 9.11 테러는 '테러와의 전쟁'을 비롯해 미국과 동맹국들이 아프가니스탄과 이라크에 결과적으로 과잉 개입하게 되는 명분을 제공했다. 그래도 그 직후부터 테러 자금 조달을 막기 위해 여러 국가가 협력하고 2014년 이슬람 근본주의 테러 집단 ISIS 격퇴에 힘을 싣는 등 대부분 정부가 국제 테러 행위를 근절하겠다는 의지로 똘똘 뭉쳤었다.

이런 공유된 사명감은 에이즈(HIV/AIDS), 결핵, 말라리아 확산 방지 같은 글로벌 과제에도 그대로 이어져 2015년까지 세계 빈곤율을 절반으로 감소시키자는 2000년 '새천년개발목표(MDGs)'와 그 후속 과제로 2030년까지 달성 완료를 다짐한 2015년 '지속가능발전목표(SDGs)'라는 획기적이고도 고무적인 합의를 이끌어냈다. 지속가능발전목표의 경우 각 국가가 자국 상황에 맞춰 특화한 목표도 있지만, 공통으로 기아 종식, 양질의 교육, 젠더 평등, 녹색 에너지, 기후 변화 대응, 환경 보전 등 17개 목표를 포함했으며, 각국이 서로 자금을 지원하거나 다른 방식으로 협력할 것을 약속했다.

국제 관계 '윈-윈' 접근법의 전성기를 대표했던 또 다른 다자간 협정으로 기후 변화 대응과 관련한 '파리 협정(Paris Agreement)'을 빼놓을 수 없는데, 2015년 프랑스 정부가 주최한 제21차 유엔 기후변화 협약 당사국총회(COP21)에서 최종 타결된 합의였다. 이에 따라 모든 유엔 회원국은 2050년까지 순 탄소 배출량을 0으로 줄여서 이번 세기 지구 평균 기온 상승을 산업화 이전 대비 2도 이하, 이상적으로는 1.5도 이하로 억제하는 데 최선을 다하기로 했다. 한 가지 아쉬운 점이라면, 아마도 그 덕분에 합의를 이룰 수 있었겠지만, 파리 협정은 법적 구속력이 없었다. 대신 서로에 대한 신뢰가 밑바탕이었고 각 국가가 자진해서 '국가온실가스감축목표(NDCs)'를 제시했다. 당시 시진핑 주석은 "이 목표를 달성할 방법, 속도, 강도는 자국 스스로 결정할 일이고, 다른 국가의 영향을 받아서도 안 될 것"이라고 강조했는데, 미국 의회에서 많은 의원이 공감하는 정서도 이와 같았다.[6]

어쨌든 서명국들 모두 이른바 '넷-제로(Net-Zero/탄소 중립)' 목표를 위해 자국이 어떤 노력을 해나갈지 공개하기로 약속했고, 이는 각국이 국가 경제를 탈탄소화하는 과정에 투명성을 부여함과 동시에 협정을 준수한 정부가 약속을 지키지 않은 정부를 비판할 수 있는 명분을 제공했다. 이후에도 COP21은 석탄 사용량과 메탄가스 배출량을 제한하고 중기 탄소 감축 목표 전략을 발표하는 등 넷-제로 달성을 향한 여정을 더욱 구체화했다. 파리 체제가 구축되자 전 세계 주요 기업들도 2050년 목표를 향해 자사와 공급업체의 '탄소 발자국(Carbon Footprint, 개인에서 국가까지 모든 생산과 소비 활동에서 직접적·간접적으로 발생시키는 온실가스의 총합을 이르는 말_옮긴이)'을 줄이기 위한 자체 프로세스를 시작했다.

그러나 2015년 이후 주요 온실가스 배출국들의 감축 상황이 불균등하게 전개되면서 협의 기조에 금이 가기 시작했다. 2022년 중국은 전 세계 온실가스 배출량의 29.2%를 차지해 11.2%인 미국보다 세 배 가까이 많은 세계 최대 탄소 배출국이 됐다. 좀더 공정한 1인당 온실가스 배출량으로 따지더라도 중국은 2019년 이미 EU 27개국 전체 배출량을 넘어섰다. 2022년 1인당 이산화탄소 배출량으로 보면 미국의 18톤보다는 훨씬 낮은 11톤이지만, 미국은 2005년 24톤이던 것에서 감소한 반면 중국은 계속 증가했다. 더욱이 19세기 초 산업화 시대부터 계산해보면 2021년까지 전체의 14.2%로, EU 27개국 15.6%에 이어 누적 배출량도 중국이 세 번째로 많았다. 이에 반해 인도의 1인당 탄소 배출량은 1990년 1.6톤에서 2022년 2.8톤으로 소폭 증가했고, 누적 배출량은 4.6%에 불과했다.[7]

파리 협정의 목표 시점이 25년밖에 남지 않은 지금 전 세계는 매우 중대한 국면에 접어들었다. 서둘러 주요국들이 포괄적 대응을 추진할 여건을 조성해야 한다. 하지만 현재 전 세계 탄소 배출량 증가 추세는 이들 국가가 도전에 나서지 않고 있음을 보여준다.

뒷전으로 밀리는 기후 변화 대응

안타깝게도 오늘날 각국은 이 지구적 비상사태에 대처하기 위해 협력하기가 더욱 어려워지고 있다. 신냉전 때문이다. 신냉전은 세계화로 인한 경제 불안을 해결하고자 고군분투하고 있는 글로벌 노스 국가들의 정치 역량을 점점 더 잠식하고 있다. 이 때문에 정작 시급한 탄소 배출량 감축은 뒷전으로 밀리고 지금 당장 눈에 보이는 지정학적·이데올로기적 경쟁이 부각하고 있다. 그런데 이 두 가지 과제는 서로 섞일 수 없다. 동시에 해결할 수 있는 문제들이 아니다.

이제 어쩌면 우리는 경쟁국과 비교해 자국을 강화하거나 약화하는 수준에 따라 정책 가치를 측정하는 제로섬 사고의 시대로 회귀하고 있는지도 모른다. 우리 사회는 장기적 비전에 약하다. 시민들은 분명히 경제적 어려움을 견디고 극복해나갈 수 있지만, '기후 정의'처럼 장기적으로 모든 이들에게 더 많은 혜택을 가져다줄 비전이 아닌 눈앞의 불안 요소, 즉 전쟁 같은 국가 위기에서만 경제적 어려움을 용인하는 경향이 있다.

일부 정치 지도자들에게는 제로섬 사고로의 회귀가 무척이나 안심되는 일이다. 푸틴이 몸소 보여줬듯이 한 국가가 강력한 이데올로기로 적국과 사활을 건 싸움을 벌이고 있다는 서사는 지도자에게 정치적 지지 기반을 확보할 명확한 목표를 제공할 수 있다.

기후 변화와 달리 지정학적 경쟁자는 실체적이고 가시적이다. 이들은 물리적 영역 내에 존재한다. 미사일, 폭격기, 전차, 전함 등 물리적 수단은 물론 사이버 공격이나 허위 정보 유포 등 비물리적 수단으로도 얼마든지 자국에 위협을 가할 수 있다.

신냉전 상황에서 기후 변화 의제는 이들에게 내부 정치 논리를 강화할 좋은 명분이 되기도 한다. 자칫하면 사회 분열이 초래될 수도 있으나, 영악하게 활용하면 자국 국기를 중심으로 국민을 결속시키고 통치 기반을 강화하는 데 도움이 된다. 신냉전은 적대국을 우스꽝스러운 캐리커처, 일테면 힘으로 찍어 누르려고 하는 미국인, 여전히 식민지 유산으로 먹고사는 유럽인, 개인의 삶을 당에 저당 잡힌 영혼 없는 중국인, 비도덕적이고 잔인무도한 러시아인 등으로 묘사함으로써 국가 이데올로기적 정체성과 이를 뒷받침할 서사를 강화한다.

그렇게 다음 문제로 이어진다. 많은 사람이 기후 변화 증거나 지구 온난화에 대한 인류의 책임을 수용하려고 들지 않는 까닭은 과학 자체를 의심한다기보다 과학이 제시한 해결책이 싫기 때문이다. 이들은 저탄소 대안으로 삶의 방식을 바꿔야 한다거나, 적대국에 이익이 될 수 있는 글로벌 목표를 추구하다 보면 자신의 정부가 주권 일부를 포기하게 되리라는 생각 때문에 분개한다. 일부 민주주의 정부가 지정학적 경쟁 대상을 석유와 가스의 러시아와 오펙 플러스에서 자신들이 더 중요하게 여기는 희토류 광물과 재생 에너지 원료의 중국으로 바꾸고 있는 것도 기후 변화 자체를 신냉전의 또 다른 경쟁 영역으로 만드는 요인이다.

러시아가 전략적으로 우크라이나에 발을 딛고 있는 상황에서 기후 비상사태는 푸틴을 위시한 러시아 지도부가 반대파들 사이에 불만과 분열의 씨앗을 심을 절호의 기회가 된다. 러시아 정부는 자국이 재생 에너지 시설에 필요한 광물을 공급하는 국가들에 불안정을 유발해 녹색 전환 의지를 약화하려고 시도할 수 있다. 현재 러시아는 자유민주주의 국가들 사이에 가짜 뉴스를 뿌려 정치적 분열을 촉발해야 할 만큼 내부의 대중적 불만에 직면한 상황이다. 그래서 여차하면 코로나19 때 백신 반대 운동을 유도했던 것처럼 얼마든지 반녹색 정치 세력을 지원할 수 있다.

중국의 경우 신냉전은 중국공산당에 통치 정당성을 재확인하라는 압력을 가중한다. 중국으로서도 녹색 에너지 전환은 장기적으로 볼 때 다양한 안보를 강화해주지만, 단기적으로는 석유 및 가스 수입을 러시아로 한정 짓게 하고 항구와 해로도 서방 세계의 통제를 받게 된다. 게다가 가뜩이나 미국과 동맹국들이 중국의 부상을 억제하거나 최소한 늦추려고 갖가지 경제적 수단을 동원하는 상황에서 온실가스 배출량 감축 성과도 신뢰성을 인정받지 못하는 형국이다 보니, 투명성을 유지할 유인도 계속 줄어든다고 볼 수 있다.

유럽 지도자들도 중국과 비슷한 분위기에 처해 있는데, 마찬가지로 에너지 안보 우려가 기후 안보에 대한 자신들의 노력과 상충하고 있다는 것이다. 독일은 러시아로부터 가스 공급을 차단한 뒤 결국 석탄 생산을 재개할 수밖에 없었고, 영국의 리시 수낙(Rishi Sunak) 총리는 북해의 영국 소유 유전 및 가스전 시추를 승인했다.[8] 신냉전 시대에서 양쪽 진영이 기후 변화를 얼마나 해결할 수 있을지는 미래 에너지 안보의 핵심인 녹색 전환을 누가 더 빨리 이루느냐에 달렸다. 모름지기 서로 협력하기보다 경쟁하는 방식으로 전환할 가능성이 크며, 주요 광물을 둘러싼 경쟁도 구냉전 시기 석유 쟁탈전과 유사한 방향으로 전개될 것이다.

무엇이 올바른 우선순위인가?

글로벌 사우스 국가의 정치 지도자들은 신냉전이 미국 동맹국들에 미칠 영향을 두고 글로벌 노스의 일부 정치인과 분석가들이 펼치는 논쟁에는 별다른 감흥을 보이지 않고 있다. 이들은 그것을 자유민주주의 국제 질서의 비전을 지키겠다는 환영할 만한 의지로 받아들이지 않고 강대국들 사이에 다시금 자신들을 구경꾼으로 전락시킬 해묵은 20세기 경쟁이 부활했다고 본다. 이들은 자국이 영원히 가난한 사촌으로 남을지도 모른다는 생각에 불안해한다. 글로벌 노스 국가들이 자국 경제가 위험에 빠진다는 명목으로 경제 세계화의 사다리를 걷어차거나, 산업 및 기술 선도 특권을 상호 이익을 위해 공유하기는커녕 오히려 글로벌 사우스의 희생을 교두보 삼아 앞으로만 내달릴 수 있다고 판단하기 때문이다.

이들이 분노의 화살을 돌리고 있는 것 중 하나는 2026년부터 이른바 '탄소 국경 조정제(CBAM)'를 시행해 유럽보다 온실가스 배출이 많은 나라에서 생산한 제품을 수입할 때 추가 관세를 부과하기로 한 EU의 결정이다. 하지만 이는 유럽 관점에서 보면 당연한 조치다. 유럽 내에서 제조업을 유지하는 일은 경제적으로나 정치적으로나 매우 중요하다. 계속 화석 연료를 사용하는 국가들과 가격 경쟁에서 밀리게 되면 기업들은 유럽을 떠날 수밖에 없다.

러시아와 중국은 탄소 국경 조정제를 서방 세계가 가진 또 다른 지경학적 무기로 간주하고 있다.[9] 그런데 이제 막 제조업에서 경쟁력을 갖추기 시작한 글로벌 사우스 국가들의 불만은 훨씬 더 원초적이다. 유럽도 그동안 화석 연료 기반으로 눈부신 경제 발전을 이뤄놓고 왜 이제 와서 다른 나라들에는 그러지 말라며 으름장을 놓느냐는 것이다.[10] 이런 입장도 이해 못 할 바는 아니다. 유럽과 미국 및 기타 선진국들조차 아직 자신들의 목표를 달성하지 못한 데다, 2015년 파리 협정 당시 저개발국들의 재생 에너지 전환을 위해 매년 1,000억 달러를 지원하겠다는 약속도 지키지 못한 터라 더 그렇다. 2023년 11월 기준으로도 목표 달성 여부는 여전히 불투명하다.[11]

이에 G7 국가들은 막대한 비용이 소모된 코로나19 범유행 여파로 기후 위기 공약을 완전히 이행할 재정적 수단이 부족했다고 주장했다. 그러나 이들 눈에는 2022년 미국이 향후 10년간 녹색 에너지 보조금 지원에 3,700억 달러를 투입하기로 했다는 사실, EU가 2027년까지 코로나 이후 녹색 에너지 회복에 7,500억 유로를 투입하기로 했다는 사실, 독일이 우크라이나 침공 사태 이후 에너지 비용 증가에 대비하고자 이미 2,000억 유로를 투입했고 향후 5년간 국방 예산에 1,000억 추가 예산을 잡아놓았다는 사실, 미국과 유럽이 2022년~2023년에만 우크라이나 지원에 약 1,000억 달러를 사용했다는 사실을 고려할 때 이 주장이 전혀 타당해 보이지 않을 것이다.[12] 상황이 이렇기에 글로벌 사우스 국가들은 기후 비상사태를 모든 국가가 함께 헤쳐나갈 기회로 여기지 않는다. 기후 변화 대응을 선도하는 주체인데도 불구하고 '우리가 먼저'라는 모습만 보여주는 글로벌 노스 국가들의 이기적인 태도만 거듭 확인할 뿐이다.

각국 정부가 모두 자국의 생존을 위해 글로벌 경쟁을 벌이고 있다고 믿으면, 정책 결정을 좌우하는 제로섬 사고는 각국이 공동의 도전을 마주할 때 설정해야 할 우선순위와 정반대로 작동하게 된다. 자유민주주의 선진국들이 솔선수범해 가난한 국가들의 기후변화 대응을 함께 돕지 않는다면, 브라질 같은 국가의 지도자들은 아마존 열대 우림이 전 세계 탈탄소에 매우 중요한 요소임을 이미 알면서도 개발 말고 보호해야 한다는 주장을 국내에서 펼치기가 매우 어렵다. 당연한 이야기다. 걸프 지역 국가들이나 중남미 국가들도 마찬가지다. 주변의 도움이 없다면 자국이 살아남기 위해 쓸 수 있는 거의 유일한 수단에만 집착할 수밖에 없다. 세계 시장에 석유와 가스를 팔아치우려고 더욱 안간힘을 쓰게 된다. 그러면 자유민주주의 국가들의 바람과 달리 지구 온난화 폭주를 온 인류가 감당해야 한다. 사헬 지역과 사하라 사막 이남 지역 아프리카의 더 많은 국가가 러시아의 지정학적 도둑 정치 희생양으로 전락할 것이다. 에너지가 유용한 통치 수단이 되지 못함에 따라 러시아의 세계 식량 안보와 불안을 통제하려는 유인은 점점 더 커질 것이다.[13] 그리고 국내 역량만으로 생존할 수 없게 된 글로벌 사우스 국가들의 인구가 대거 이동하면서 글로벌 노스 국가들은 심각한 이민 문제에 봉착하게 될 것이다.

기후 비상사태는 신냉전 시대에서 공동 행동을 추진하는 게 얼마나 어려운 일인지를 여실히 드러낸다. 그래도 제2차 대전 직후 인류 공동의 도전과 다자 간 행동을 장려하고 평화를 모색하고자 마련된 국제기구들이 다시금 그 사명에 부응하고자 고군분투하고 있다. 이를 적극적으로 도울 수 있는 보완적이거나 대안적인 기관들로 어떤 곳들이 있을까?

제10장

다자주의의 종말

기후 비상사태는 21세기 세 번째 10년 동안 더 커질 국제 협력의 필요성을 강조하고 있다. 그렇지만 한쪽으로는 중국과 러시아, 다른 한쪽으로는 미국과 동맹국들의 깊은 상호 불신으로 인해 제2차 대전 이후 세계 평화를 유지하고 공통 과제를 관리하려고 설립한 기관들 또한 다시 교착 상태에 빠져들고 있다.

'다자 간 협력'이라는 개념의 중심에는 유엔을 비롯해 IMF(국제통화기금), 세계은행(World Bank), WHO(세계보건기구)처럼 유엔의 지원 아래 운영되는 국제기구들이 있다. 이들 기관은 크고 작은 우여곡절에도 지난 냉전 동안 국제 정세를 관리해왔지만, 이제는 각자 코앞에 산적한 과제를 해결하는 데도 힘겨워하고 있다.

구냉전 때와 다른 양상으로 신냉전은 합의를 이루기 위해서 더 다양해지고 더 커지고 더 분열된 목소리를 상대적으로 느리고 정체된 유엔 체제에 의지하기보다는, 주요 선진국과 글로벌 사우스 국가들이 협력해 대안적인 길을 추구하도록 몰아간다. 신냉전의 주요 당사국인 미국과 중국은 자국의 이익을 조금이라도 더 높이고자 비슷한 이해관계에 놓인 국가들로 세력을 형성하고 있다. 이에 따라 과거보다 권한이 커진 글로벌 사우스 국가들도 열심히 득실을 저울질하며 갖가지 국제회의에 참여하거나 불참하는 등 협력 관계를 쌓아나가고 있다. 과거의 뼈아픈 경험을 되풀이하지 않겠다는 일념으로 자국의 이익을 우선하면서 세계 번영과 안보에 반영할 힘을 스스로 조절하고자 애쓴다. 기후 변화 대응, 범유행 전염병 대비, 식량 안보 등의 과제가 자국의 미래에 미칠 영향을 알기에 더는 방관하지 않으려고 한다.

과거로부터 물려받은 국제 체계

'유엔'은 국제 평화와 번영을 촉진하고 20세기 전반을 파괴한 전쟁 상황이 재현되지 않도록 하겠다는 제2차 대전 승전국들의 무거운 결의로 탄생한 조직이다. 여러 면에서 제1차 대전 종전 후인 1920년 역사상 처음 출범한 국제기구 '국제연맹(LN)'을 계승했다고 볼 수 있다. 유엔 역시 총회와 이사회 2개의 의사결정기구를 두고 있으며, 세계 분쟁 예방을 넘어 노동권, 공공 보건, 소수자 보호에 이르기까지 광범위한 의제를 다룬 국제연맹의 접근법을 이어받았다.

하지만 유엔은 국제연맹의 실패를 초래한 유토피아적 사고를 벗어나지 못했다. 국제연맹 규약은 회원국들이 '집단 안보' 원칙에 따라 다른 회원국의 영토가 공격받으면 자국에 대한 공격으로 간주해 즉시 지원할 것을 의무화했다. 그런데 1930년대 파시스트 이탈리아와 나치 독일이 침략 전쟁을 개시했을 때 이 원칙이 지켜지지 않자 국제연맹은 정체성이 유명무실해지면서 해체됐다. 이후 유엔 헌장도 정복 전쟁이나 침략 전쟁은 금지했지만, 회원국들에 자기방어권을 허용한 것과 별개로 다른 회원국들의 해당 침략 행위에 대한 군사적·경제적 대응 여부는 다른 의결기구인 안전보장이사회에 넘겼다. 그리고 국제연맹은 최고의결기구가 총회였고 만장일치 결정 방식을 원칙으로 한 데 반해 유엔은 미국, 영국, 프랑스, 중국(당시 중화민국), 러시아(당시 소련) 이렇게 5개국으로 안전보장이사회 상임이사국을 고정해놓고 모든 결의안을 수용하거나 거부할 수 있도록 했다.

이 방식은 과거 상원 의회가 국제연맹 가입 비준을 거부한 적 있는 미국의 참여를 이끄는 데 도움이 됐지만, 한편으로는 유엔 안전보장이사회의 근본적 목적이 강대국들 사이의 전쟁을 막는 것이며, 필요한 경우 상임이사국 자신들 또는 동맹국들이 저지를지 모를 침략 행위를 눈감아주는 한이 있더라도 자기들끼리는 싸우지 않겠다는 인상을 강하게 심어줬다.

세계 평화와 안보를 위해 수립됐다고는 하나, 유엔의 역사는 이런 현실주의적 타협을 반영하고 있다. 그만큼 전 세계가 똘똘 뭉치는 일은 어렵다. 그나마 지난 냉전 시기에 일어난 1950년~1953년의 '한국 전쟁(6.25 전쟁)'이 유엔 회원국들 스스로 동료 회원국을 지키기 위해 힘을 합쳤던 가장 모범적인 사례다. 그렇더라도 쉽게 이룬 결과가 아니었다. 당시 유엔 안전보장이사회 상임이사국 가운데 중화민국은 지금의 중국공산당이 아닌 대만의 국민당 정부였고, 소련이 불참한 덕분에 유엔군 참전을 의결할 수 있었다. 유엔은 1962년 중국-인도 국경 전쟁에서는 아무런 역할을 하지 않았고, 1960년~1975년 베트남 전쟁에도 소극적으로만 개입했다. 이후 유엔 평화유지군도 레바논에서 이스라엘-팔레스타인에 이르기까지 해결의 싹이 보이지 않는 분쟁에서 불안한 평화를 간신히 유지하는 데 그쳤다.

마찬가지로 1968년 'NPT(핵확산 금지 조약)'도 유엔의 위대한 성과로 꼽히긴 하지만, 안전보장이사회 상임이사국 5개국만 '국제 공인 핵보유국'으로 규정하고 있어서 사실상 이들의 국제 질서 특권만 공고히 한 셈이었다. 이 조약으로 핵무기가 줄었느냐 하면 그렇지 않기 때문이다. 덕분에 제3차 대전이 일어나지 않는 것이라는 주장도 있으나, 어쨌든 이 조약이 이후 다른 몇몇 국가들의 핵무기 보유를 막지는 못했다.

유엔은 경제 분야에서 더 성공적인 행보를 보였다. 두 주요 경제 국제기구인 IMF와 세계은행은 전후 서방 세계의 경제 재건을 지원했고, 신흥 개발도상국들이 금융 위기에서 벗어나 더 성장할 수 있도록 도왔다. 과거 'ITO(국제무역기구)' 추진 계획은 실패로 끝났지만, 1948년 미국과 유럽 동맹국들 주도로 'GATT(관세 및 무역에 관한 일반 협정)' 체제를 출범시킨 뒤 계속해서 성공적으로 국제 무역 협상을 추진해 1994년 '우루과이 라운드(Uruguay Round)'로 유명한 제8차 다자 간 무역 협상 타결까지 이끌어냈다. 그렇게 이듬해인 1995년 GATT는 'WTO'로 발전해 오늘날에도 국제 무역 규칙을 제정하고 시행하고 개정하고 있다.

유엔 국제평화기구가 정치적으로 하지 못한 일을 '브레턴우즈(Bretton Woods)' 체제로 성공시킬 수 있던 것은 미국과 유럽의 확실한 경제 지배력과 리더십 덕분이었다. 달러를 기축 통화로 하는 금본위제와 고정환율제를 공식화함으로써 국제 통화 질서를 확립한 브레턴우즈 체제로 IMF와 훗날 세계은행의 일부가 되는 'IBRD(국제부흥개발은행)'가 출범했다. 유엔 안전보장이사회에서 소련은 중요한 회의 때마다 불참하거나 제 역할을 하지 않았고 1971년 10월 공산주의 중국(중화인민공화국)에 자리를 뺏길 때까지 대만(중화민국)이 상임이사국으로서 미국 편을 들었기에, 이 두 기관은 개방 시장을 촉진하려는 서구의 경제 철학과 완전히 일치한 활동을 할 수 있었다. IMF는 회원국별로 정한 지분율에 따라 출자해서 의결권을 갖게 되는데, 당시 미국은 거부권 행사에 필요한 15%보다 약간 높은 수치인 16.5%를 확보했고 전체 유럽 국가는 30% 이상을 갖고 있었다.[1]

유엔 활동을 규정한 규범 곳곳에서도 서방 세계의 우위가 확연히 드러나 있었다. 1948년 제3차 유엔 총회에서 채택된 '세계인권선언'만 봐도 "자의적 체포, 구금, 추방 금지(제9조)", "독립적이며 공평한 법정에서 공정한 재판을 받을 권리(제10조)", "사생활 간섭이나 명예 훼손에 대해 법의 보호를 받을 권리(제12조)", "의견과 표현의 자유 및 국경과 상관없이 그 어떤 매체로도 정보와 사상을 추구하고, 얻고, 전달할 권리(제19조)" 등 미국 독립선언문과 유럽 계몽주의 원칙이 그 근간임을 알 수 있다.[2]

특히 "개인이 속한 국가 또는 영토가 독립국, 신탁통치 지역, 비자치 지역이거나 주권에 여타 제약을 받느냐와는 상관없이, 해당 국가 또는 영토의 정치적, 법적, 국제적 지위에 근거해 차별이 있어서는 안 된다"고 명시한 제2조는 이 선언의 보편적 성격을 명확히 하고 있다. 2015년에 발간한 세계인권선언문 일러스트판 서문에서 당시 반기문 유엔 사무총장은 이렇게 썼다.

"이 선언은 우리가 옳고 그름을 판단하는 척도입니다. 모두의 정의롭고 온전한 미래를 위한 밑바탕이며, 모든 이들이 억압과 불평등 그리고 인간 존엄성 침해에 맞서 싸울 수 있는 강력한 도구입니다."[3]

비록 지난 냉전 시기에는 미국과 동맹국들도 이 선언을 준수하기보다 위반한 적이 더 많았겠지만, 이 선언이 글로벌 정치 조직화의 기본 원칙이자 미국과 동맹국들의 시장 접근과 경제 지원을 허용하는 기본 요건으로 받아들여졌다는 사실 자체가 그 시기 미국의 패권적 위치를 실감케 한다.

침식: 국제 질서의 두 가지 변화

1990년대에 이르자 일본계 미국 정치학자 프랜시스 후쿠야마 (Francis Fukuyama)가 《역사의 종말(The End of History and the Last Man)》 (1992)에서 주장한 것처럼 국내든 국제든 서방 세계의 통치 체제가 확실히 우위를 점한 듯 보였다. 소련 해체 직후 수많은 공산주의 정권이 무너져내렸고, 중남미에서 아프리카와 동남아시아에 이르 기까지 독재 정권이 붕괴한 자리에 민주주의가 들어섰다. 아주 짧 긴 했지만, 드디어 유엔 체제가 창설국들이 의도한 그대로 작동하 던 시기였다. 1990년 이라크 사담 후세인(Saddam Hussein)의 쿠웨이 트 침공을 응징할 군사 개입이 만장일치로 승인됐고, 각국 자유민 주주의 정부는 세계인권선언 원칙이 실현되는 광경을 목격했다.

그렇지만 '국제 공동체 전체의 관심사인 가장 중대한 범죄'를 저지른 국가 지도자나 개인을 처벌하기 위해 2002년 7월 발족한 '국제형사재판소(ICC)'에는 미국, 중국, 일본 등 주요 7개국이 아직 도 참여하지 않고 있다(우리나라는 2003년 2월에 가입했다_옮긴이). 2005 년에는 특정 국가가 반인도적 대량 학살, 인종 청소, 전쟁 범죄 등 으로부터 자국민을 보호하지 못하는 경우 해당 국가의 주권을 일 시적으로 무시하고 국제 사회가 개입할 수 있도록 하는 이른바 '보 호책임(R2P)' 원칙에 유엔의 모든 회원국이 찬성했다.

이때부터 전 세계를 아우르는 자유로운 국제 질서라는 개념에 변화가 일기 시작했다. 특히 두 가지 변화가 세계를 새로운 국면으로 유도했는데, 이는 새로운 냉전이 이전과 다른 글로벌 맥락에서 시작되고 있음을 의미했다.

첫 번째 변화는 이제 미국에 이렇다 할 전략적 경쟁자가 없는 상황이니 지배력은 여전하더라도 상대적으로 온건한 패권국 지위를 유지하리라는 세계 각국의 기대감에 균열이 생겼다는 점이다. 그도 그럴 것이 역대 미국 정부는 국제적으로 늘 자국의 이익을 챙기면서도 글로벌 패권국답게 동맹을 강화하고 다른 나라를 우방으로 끌어들일 수 있는 선에서만 그렇게 해왔었다. 그러나 2001년 9월 11일을 기점으로 미국의 태도가 바뀌었다. 2003년 3월 미국의 이라크 공격은 엄밀히 말해 방어가 아닌 예방 조치였지만, 유엔의 온전한 승인 없이 진행됐다. 미국은 '테러와의 전쟁'에서 반드시 승리해야 한다는 강박에 사로잡혀 세계인권선언의 핵심 원칙 몇 가지를 쉽게 위반했다. 고문을 자행하는 국가로 난민들을 강제 송환했고, 이라크 아부그라이브(Abu Ghraib) 교도소 수감자들을 학대했다. 테러 용의자들을 미국 해군 기지가 있는 쿠바 관타나모(Guantanamo)로 이송한 까닭도 미국 사법 체계가 미치지 않는 곳이기 때문이었다.

이후 오바마 대통령이 당선되자 동맹국들 사이에서 안도의 분위기가 형성되는 듯했으나, 오바마 행정부의 들쑥날쑥한 외교 정책은 미국의 글로벌 리더십에 더 흠집을 냈다. 2011년 리비아 독재자 무아마르 카다피(Muammar Gaddafi)가 자신의 정적들을 학살하지 못하도록 무력 개입해 '보호책임'을 실행하자는 영국과 프랑스의 요구를 마지못해 수용했던 오바마 행정부는 2013년 바샤르 알아사드 정권이 민간인들에게 화학무기를 사용하는데도 시리아 내전에는 끝까지 개입하지 않았다. 그리고 미국 유권자들이 다음 대통령으로 선출한 도널드 트럼프는 일찍이 유엔 총회에서 예루살렘 전체를 이스라엘 수도로 규정한 예루살렘법을 무효로 결의했는데도 2017년 이스라엘과 파리 협정 동반 탈퇴를 선언한 뒤 이스라엘 주재 미국 대사관을 텔아비브에서 동예루살렘으로 이전했으며, 이에 다시 예루살렘 수도 무효화를 표결하려던 안전보장이사회 결의안을 거부권 행사로 부결시켰다. 트럼프는 그해 9월 유엔 총회 첫 연설에서 "강하고 자주적인 국가들은 각기 다른 가치와 문화와 꿈을 가진 국가들을 공존하게 해줄 뿐 아니라 상호 존중의 기반 위에서 함께 일할 수 있도록 해준다"고 말했는데, 이는 중국 지도부의 관점과 완벽하게 일치하는 것이었다.[4]

이 같은 맥락에서 두 번째 변화가 나타났다. 다름 아닌 중국이 글로벌 경제 강국을 넘어 글로벌 정치 강국으로 떠오르기 시작했다는 점이다. 중국은 시진핑과 지도부가 공개적으로는 다른 국가의 내정에 간섭해서는 안 된다고 주장하면서도, 러시아의 우크라이나 침공을 비난하지 않은 데서 볼 수 있듯이 여느 강대국 못지않게 예외주의적 외교 정책을 지향한다. 중국은 일단 자유주의적 가치는 우선순위에서 제쳐두고, 국제법과 유엔 체제가 국제 질서를 말할 때 국가 주권에 초점을 맞추는 부분만 수용하겠다는 아주 단순한 비전을 갖고 있다. 메시지를 내는 타이밍도 잘 맞춘다. 시진핑은 미국의 중동 개입으로 촉발된 혼란을 꼬집으면서, '글로벌 개발 이니셔티브(GDI)'를 통한 성장, '글로벌 안보 이니셔티브(GSI)'를 통한 안정, '글로벌 문명 이니셔티브(GCI)'를 통한 상호 존중이라는 다자 간 협력 방안을 세계 각국에 적극적으로 제안했다.[5]

아울러 중국은 2012년부터 아프리카와 남태평양 전역의 작고 가난하고 소외된 국가들에 재정 등을 지원하는 한편 유엔에 자국의 활동을 홍보하면서 총회와 안전보장이사회 비상임이사국들의 지지를 받고자 열심히 노력해왔다. 유엔은 2020년까지 유엔 산하 15개 기구 가운데 4개 기구 의장 자리를 중국에 내줬다가 이후부터는 중국 국적이 아닌 후임자로 채웠다.[6] 중국은 유엔 인권이사회를 세계인권선언 원칙을 지지하는 기구에서 유엔 회원국들의 위반 사항을 지적하고 유엔 관료나 민주주의 정부를 견제하는 기구로 전환하고자 애쓰면서 주변국들로부터 강력한 지지를 받았다. 중국 공산당이 신장 지역 위구르족을 재교육 명분으로 수용소에 집단 감금한 사실에 대해 2019년 7월 일본, 호주, 프랑스, 독일 등이 인권이사회에 공동 규탄 성명을 제출하자 나이지리아, 사우디아라비아, 카타르, 이집트 등이 들고일어나 중국 입장을 옹호한 것만 봐도 중국 정부의 전략이 얼마나 잘 먹히고 있는지 헤아릴 수 있다.[7]

중국 정부는 지난 10년 동안 글로벌 인터넷 거버넌스에서 미국과 그 밖의 다른 민주주의 국가들이 선호하는 '다중 이해관계(multi-stakeholder/다자 간 이해관계)' 접근 방식을 깨뜨리려는 시도도 줄기차게 해왔다. 이 접근법에서는 정부가 나서서 통제하기보다 과학자, 기술자, 기업, 시민 단체 등이 스스로 인터넷 규약을 마련하고 갱신하면서 인터넷을 발전시키고 활용해나간다. 그러나 자율을 극히 두려워하는 중국과 러시아 정부는 인터넷의 경제적·정치적 위력을 의식해 글로벌 인터넷 거버넌스를 다중 이해관계 방식이 아니라 각국 정부에 의결권이 있는 유엔 산하 '국제전기통신연합(ITU)'의 통제하에 두려고 몸부림쳐왔다. 현재까지는 성공하지 못했지만, 앞으로도 포기하지 않고 정부가 이동통신망, 검색 엔진, 소셜 미디어 플랫폼 등을 전부 통제해 자국민을 전체주의적으로 감시하는 거대한 데이터 저장소로 활용하기 위한 의결 활동을 계속할 것이다.[8]

미국 예외주의는 자유민주주의 국가들이 중국에 반격하기 어렵게 만든다. 미국은 국제형사재판소 가입을 거부했을 뿐만 아니라 중국과의 남중국해 영유권 분쟁을 판결하는 데 주효한 역할을 하는 '유엔 해양법 협약(UNCLOS)'과 핵 비확산 체제의 한 축인 '포괄적 핵실험 금지 조약(CTBT)' 비준도 거부하고 있다. 동맹국들이 미국 예외주의를 눈감아주는 이유는 미국의 지속적인 보호로 혜택을 얻고 있어서다. 하지만 미국과 동맹국들이 IMF와 세계은행에서 특권적 지위를 계속 차지하고 있는 모습을 지켜본, 조금씩 자신감을 회복해나가면서도 결정적인 순간에 좌절감을 느껴온 글로벌 사우스 국가들도 그렇게 해줄까? 이들 대부분은 80년 동안 바뀐 적 없는 상임이사국 5개국이 거부권을 휘두르는 유엔 안전보장이사회를 시대착오적인 체제라고 여긴다.

그러나 안타깝게도 오늘날 경쟁이 더 복잡하고 치열해진 지정학적 맥락에서 다자주의 체제가 현대화할 가능성은 거의 없다. 안전보장이사회 상임이사국 수를 늘리자는 의견은 있다. 미국과 유럽은 물론 중국과 러시아도 딱히 반대하지는 않는다. 아마도 안 될 걸 알기에 그러겠지만, 지금 같은 상황에서 기존 5개국이 어떤 나라들의 조합을 만장일치로 받아들일 수 있을까? 더욱이 어떻게 하면 다른 국가들의 반발을 잠재우면서 일부 국가를 선택할 수 있을까? 상임이사국들이 거부권을 행사하지 못하도록 저지하는 일은 예전에도 어려웠지만, 현재는 아예 불가능하다고 봐야 한다.

IMF와 세계은행도 같은 상황이다. 2010년~2016년 기준 IMF 지분율 현황을 보면 중국이 3.8%에서 6%로 상승했어도 그 정도 의결권으로는 세계 경제를 쥐락펴락할 수 없기 때문에 여전히 미국과 유럽의 통제를 받고 있다. 2023년 12월 개정안 표결에서도 출자금 50% 증액안은 통과됐으나 지분율은 그대로 유지됐다. 미국과 동맹국들은 IMF에서의 영향력을 낮출 생각이 전혀 없으며, 신냉전 상황에서 우크라이나 같은 국가에 재정 지원을 포기할 생각도 없다. 그리고 지분율에 비례하는 의결권은 중국이 IMF가 공식 인정하는 '교환 가능 통화(Convertible Currency/다른 국가 화폐나 금으로 자유롭게 바꿀 수 있는 통화로, 보통은 달러와 즉시 교환 가능한 화폐를 말한다_옮긴이)' 설정 노력에 소극적이고 아직 '개발도상국' 지위를 유지하길 원하고 있다는 사실도 반영한 것이다.

제2의 해결책

유엔 체제의 구조 개혁 가능성 전망이 불투명해지자 각국은 글로벌 거버넌스를 그때그때 상황에 따라 짜 맞춰서 협력하는 형태로 대응해나가고 있다. 어떤 국가 그룹은 '같은 생각'을 하는 국가들끼리 미국이나 중국의 우선순위를 중심으로 뭉치고, 어떤 그룹은 자신들끼리 따로 세력을 형성해 지정학적 격차를 극복하려고 한다.

민주주의 진영의 주요 기구로는 G7, EU, 나토, 쿼드, OECD 등이 있다. 규모 면에서 'EU'가 가장 크고 '쿼드'가 가장 작다. 미국과 대서양 및 태평양 동맹국들의 글로벌 이해관계를 아우르는 'G7'은 신냉전 시대 자유민주주의 세력의 주요 조정 기구로 자리 잡은 상태다. 모두 비슷한 민주주의 통치 체제를 공유하므로 다른 국가들에서는 할 수 없는 방식으로 집단 경제 안보를 강화할 규칙에 합의할 수 있다. 'OECD'는 명목상 선진국으로 분류되는 민주주의 국가 38개국을 회원국으로 부정부패 방지에서부터 공정한 관세에 이르기까지 다양한 현안을 협의하고 국제적으로 인정받는 지침을 제공하기 위해 노력하고 있다.

권위주의 독재 진영 기구로는 우선 'EEU(유라시아경제연합)'를 들 수 있다. EU에 대항하기 위해 러시아가 자국과 여전히 경제적·정치적 관계를 끊지 않은 구소련 국가들을 모아 결성한 연합체다. 회원국은 많지 않다. 러시아 말고는 카자흐스탄, 아르메니아, 벨라루스, 키르기스스탄이 전부다. 어쨌든 EEU도 EU를 모방해 회원국 간 무역 장벽을 없애고 공통된 표준에 합의하는 것을 목표로 하고 있다. 그렇지만 러시아의 진짜 속셈은 이들 이웃 국가를 자국의 영향권 아래 둬서 EU 국가들과 경제적 동반자 관계를 맺지 못하게 하려는 것이다.[9]

중국도 지난 10년 동안 자국을 편들어줄 새로운 기구를 세우고자 적극적으로 활동해왔다. 일단 2001년 미국의 힘과 영향력을 견제하기 위해 'SCO(상하이협력기구)'를 설립했다. 표면적으로는 테러리즘, 분리주의, 극단주의를 3대 악(惡)으로 규정해 이를 공동 대응하고 중앙아시아와 유라시아의 안보를 확립하는 것이 주요 목적이다. 중국 외에 러시아, 인도, 파키스탄, 카자흐스탄, 키르기스스탄, 타지키스탄, 우즈베키스탄이 회원국이다. G7이 민주주의 가치의 틀 안에서 경제 안보를 강화하고자 한국과 호주를 정기적으로 초청하면서 G7＋로 변모해가는 것처럼, SCO도 자신들의 가치에 부합하는 방식으로 안보를 강화하는 데 관심이 있는 독재 국가들을 포함하는 방향으로 확대하고 있다. 이를 반영해 SCO는 2021년 이란의 정회원 가입 절차를 시작했고, 아프가니스탄, 벨라루스, 몽골도 정회원을 희망하는 옵서버 국가로 참여했다. 이집트, 카타르, 사우디아라비아, 아르메니아, 아제르바이잔, 캄보디아, 네팔, 스리랑카, 튀르키예도 대화 파트너로서 합류했다.

중국은 나아가 또 다른 지정학적 분열을 가로지를 3개 기구를 설립했다. 첫 번째는 2016년 중국을 대주주로 베이징에 본점을 두고 출범한 '아시아인프라투자은행(AIIB)'이다. 양자 간 불투명한 협정으로 이뤄지는 '일대일로' 계획과 달리 글로벌 표준인 금융 투명성과 환경적 지속성을 준수하는 아시아 기반 글로벌 금융 기구를 표방한다. 현재 106개 회원국을 보유하고 12개국이 가입 승인을 기다리는 세계에서 두 번째로 큰 개발은행으로 성장했다. G7 국가들도 미국과 일본을 제외하고 모두 가입했다.

두 번째는 앞서 잠깐 언급한 'RCEP(역내 포괄적 경제 동반자 협정)'이다. RCEP의 기본 성격은 자유무역협정(FTA)이다. 중국의 지정학적 경쟁자들이라고 할 수 있는 한국, 일본, 호주, 뉴질랜드와 아세안 10개국이 이 자유무역협정에 참여했다(일본은 RCEP 가입국 중 유일하게 우리나라와 FTA를 맺지 않았다_옮긴이). 경제적·정치적 다양성을 고려할 때 RCEP는 아직 WTO보다 조금 더 낮은 관세 혜택과 일부 추가적인 규제 완화 정도만 제공하고 있지만, RCEP 가입국에 속한 기업들이 20억 명 이상의 잠재 소비자와 전 세계 GDP의 30%를 차지하는 시장에 접근할 수 있다는 점을 생각하면 엄청난 이익이라고 할 수 있다.[10]

　　신냉전 맥락에서 가장 관련성이 높은 기구는 세 번째일 텐데, 바로 '브릭스(BRICS)'다. 엄밀히 말하자면 원래부터 기구는 아니었고 4개 나라를 일컫는 용어였다. 2001년 골드만삭스(Goldman Sachs) 짐 오닐(Jim O'Neill) 연구팀이 소비 계층 성장으로 글로벌 경제의 새로운 주역이 될 국가들을 쉽게 부르려고 브라질(B), 러시아(R), 인도(I), 중국(C)에 복수형 's'를 붙여 'BRICs'라고 지칭했는데, 이후 실제 국제기구로 발전했다. 그리고 2010년 남아프리카공화국(S)이 추가되면서 그야말로 'BRICS'가 됐다. 첫 정상회의는 2009년에 열렸다. 이제는 중국과 러시아가 글로벌 노스의 G7에 대응하는 글로벌 사우스 세력을 형성하기 위한 핵심을 이루고 있다. 이미 탄력도 받은 상황이다. 일찌감치 브릭스 가입을 신청한 23개국 가운데 18개국이 2022년~2023년 가입을 마쳤고, 2023년 8월 남아프리카공화국 요하네스버그에서 개최된 제15차 브릭스 정상회의 때 나머지 국가 아르헨티나, 이집트, 에티오피아, 이란, 사우디아라비아, 아랍에미리트의 가입도 정식 승인됐다(아르헨티나는 2023년 12월 정권이 바뀌면서 가입을 철회했다). 브릭스 회원국들의 공통된 관심사는 무엇보다 브레턴우즈 체제 이후 압도적 특권을 누리고 있는 미국의 글로

벌 경제 지배력을 약화하는 데 있다.[11]

2015년 브릭스 산하에 '신개발은행(NDB)'이 설립되면서 브릭스 국가들은 IMF와 세계은행의 정치적 조건과 자유주의적 경제 요건 없이 개발 금융 서비스를 이용할 수 있게 됐다.[12] 신개발은행의 주요 과제 중 하나는 신흥 개발도상국들이 미국 달러 대신 통화 스와프로 무역 결제를 할 수 있도록 하는 데 있다. 중국은 이미 미국과 유럽에서 통제하는 은행 간 스위프트 통신 시스템을 우회할 수 있는 새로운 결제 체계를 구축했고, 2022년 2월부터는 무역 금융에서 위안화 비중이 4.5%로 두 배 증가했다.[13]

그러나 브릭스의 확대를 힘의 신호로 보기보다는 신냉전 상황에서 중국이 주요 약점을 드러내고 있다는 신호로 보는 게 더 정확하다. 시진핑은 중국이 남부 국가들을 이끌지 않으면 아무도 그렇게 하지 않기 때문에 중국을 글로벌 사우스의 선도국으로 올려놓아야 한다. 하지만 요하네스버그 회의에서 다룬 기다란 정책 의제 목록 중 브릭스 회원국들의 공통된 비전은 미국의 경제 패권에 반대해야 한다는 것 말고는 없다. 오히려 내부적으로는 중국과 인도, 확대 이후에는 사우디아라비아와 이란 사이의 전략적 경쟁 같은 분열만 부각했다. 게다가 아무리 정체해 있다고는 하나 유엔이 서구 주도의 G7과 중국 주도의 브릭스로 양분해 구조적 경쟁의 장으로 바뀌기를 바라는 글로벌 사우스 국가는 거의 없다.

인도네시아와 멕시코가 브릭스 가입을 희망했다가 불참을 선언하고 아르헨티나가 가입 승인을 얻고도 철회한 데는 중국의 노골적인 반미·반서방 입장 표명이 부정적 영향을 미쳤다고 볼 수 있다. 주변국들의 주권을 경시하고 아프리카 쿠데타 가담자들을 대놓고 지원하는 러시아가 브릭스의 주도 세력이 된 것도 일부 기존 회원국과 가입 신청국들을 불안하게 만드는 요인이다. 아울러 중국과 러시아가 다른 국가 문제에 간섭하지 않겠다고 말하는 것도 너무 선택적이고 자국 잇속만 따지는 것처럼 보인다. 여기에 더해 요하네스버그 정상회담에서 여성 리더십을 강조한 대목이 중국 정치 지도부에 여성은 전혀 없다는 사실과 겹치면서 묘한 배신감도 들었을 것이다.

이와 대조적으로 유엔을 보완할 해결책으로 떠오른 것은 'G20'이다. 사실상 G20은 글로벌 경제 의사결정의 정점에 있으며, IMF와 금융안정위원회(FSB) 같은 다른 국제기구에 모든 국가가 수용할 만한 세계 경제 안정화 방안을 마련해달라고 실질적으로 요구할 수 있다. 2023년 9월 인도 뉴델리에서 열린 제18차 G20 정상회의 때 아프리카연합(AU)까지 정식 회원국이 됨으로써 G20은 이제 지구 인구의 65%와 GDP의 90%를 차지하는 명실상부 세계 최대 국제기구로 발돋움했다. 이뿐만 아니라 G20은 신냉전의 모든 동맹국과 비동맹국들이 한자리에 모일 수 있는 유일한 장이기도 하다. G20은 G7＋와 기존 브릭스 5개국을 비롯해 사우디아라비아와 튀르키예처럼 새로운 지정학적 분열 속에서 양면적 역할을 하거나 인도네시아, 멕시코, 아프리카연합 국가들처럼 그 사이에서 실리를 찾는 국가들을 고루 포함하고 있다.

여기서 중요한 사실은 지난 두 회의 때 의장국이던 인도네시아(제17차)와 인도(제18차)를 비롯한 신냉전의 주요 당사국이 아닌 G20 회원국들은 경제 및 금융 안정뿐 아니라 식량 안보와 기후 변화 등 글로벌 의제에 관한 자국의 행동 방향을 조율하기 위해 G20을 활용하고 싶어 한다는 것이다. 그런데 현재의 지정학적 분열은 G20 마저도 교착 상태에 빠뜨릴 위험이 있다. G7 회원국들은 우크라이나를 불법 침공한 러시아를 G20에서 퇴출하기로 합의했다. 중국은 G20이 지정학 말고 글로벌 경제와 금융 협력에만 초점을 맞추길 원한다. 인도가 의장국이던 2023년 정상회의 때는 기후 변화 문제 해결을 위한 공동 입장 형성을 파괴적 전술로 방해했다는 비난을 받기도 했다.[14]

시진핑이 뉴델리 정상회의에 굳이 불참한 것은 중국이 미국 등 G7 회원국들과 G20 무대에서 함께하기보다 여기에 대항하는 브릭스를 더 중요하게 여긴다는 뜻이며, 중립적일 것 같은 국가들도 G20에서는 얼마든지 중국이 바라지 않는 의사결정에 힘을 실어줄 수 있다는 의미이기도 하다. 일례로 2022년 인도네시아 발리에서 열린 제17차 G20 정상회의에서 중국과 러시아는 우크라이나 침공을 강력히 규탄한 유엔 총회 결의를 의장국 인도네시아가 재차 강조하자 적잖이 당황했었다.

최근 G20의 분위기와 위에서 살펴본 세력 간 경쟁 구도를 그려가는 국제기구 및 기관의 출현은 가장 포괄적인 다자 간 협력 기구인 유엔과 G20이 글로벌 대화방 이상이 될 수 있을지에 대한 의구심을 갖게 한다. 만약 이 자체가 운명이라면, 진정한 세계적 대응 체제는 사라지고 그 자리에 파괴적인 분열과 경쟁만이 남을 수 있다. 기후 변화에 성공적으로 대처할 가능성은 더욱 희박해질 것이다. 나아가 글로벌 노스에서의 지정학적 대립이 첨예화하면 할수록 글로벌 사우스 역내의 여러 무역 협정과 나란히 해야 할 세계 경제적 기회가 도미노처럼 무너져내릴 수도 있다.

　　물론 글로벌 차원이 아니더라도 각국이 저마다 공통의 글로벌 과제에 서로 협력할 방법은 찾을 수 있을 것이다. 그러나 그것이 가능해지려면 계속되는 지정학적 대립 속에 그때마다 안정적인 틀을 세우는 소모적이고 낭비적인 형식을 취해야 하며, 언제 끝날지 모를 신냉전 시대에서 서로 안전하게 공존할 방법을 번번이 모색해야 할 것이다.

제11장

신냉전 시대의
생존 규칙

지금까지 우리는 이 책에서 중국은 소련이 아니라는, 즉 중국
은 지난 냉전 때의 소련과 매우 다른 궤도로 움직이고 있다는 사실
로부터 시작해 신냉전과 구냉전의 차이점에 관해 10개 장으로 나
눠서 살펴봤다. 경제 문호를 개방한 지 40년이 지난 지금도 중국은
여전히 세계적인 힘을 키우고 싶어 한다. 아직 미국만큼은 아니지
만, 경제적으로나 군사적으로 얼마든지 강력한 국가가 될 수 있다.
중국공산당은 현재 그 운명을 장악하고 있으며, 그 운명을 조만간
잃을 것 같지도 않다.

　　중국은 특히 중요한 한 가지 측면에서 구소련이나 오늘날의 러
시아와는 다르다. 중국은 '세계화'에 투자하고 있다. 중국은 지정
학적 안정과 경제적 개방으로 21세기 가장 큰 이득을 본 국가가 됐
고 당분간도 그럴 것이다. 그렇지만, 영토 규모와 오랜 역사를 고
려할 때 이해하지 못할 바도 아니지만, 중국은 글로벌 규범을 따르
려고 하지 않는다. 중국공산당은 비교적 자유로운 현대 국제 질서
규범을 자기들 방식대로 다시 써서 자국의 주권과 안보를 세계 중
심에 위치시키려고 한다. 유엔과 G20의 실패 또는 교착 상태에 대
비하고자 중국은 자국이 우선시하는 국내 및 국제 통치 체제를 뒷
받침할 새로운 제도와 기구를 만들어가고 있다.

그리고 지난 냉전 시대와 달리 중국 옆에는 러시아가 있다. 양국이 함께, 그들의 표현을 빌리자면 '세계 정치의 민주화'를 위해 공동의 노력을 기울이고 있는데, 이 말은 자신들이 힘을 합쳐 국제기구에서 미국과 동맹국들의 힘을 약화하겠다는 뜻이다. 글로벌 사우스 국가들이 저마다 목소리를 찾아가고 예전보다 훨씬 더 큰 경제적 영향력을 갖게 됐다는 사실은 이 새로운 역학 관계의 핵심을 드러내준다. 2023년 3월 모스크바를 방문한 시진핑이 푸틴을 향해 던진 말처럼 "100년 동안 일어나지 않았던 변화"가 일어난 것이다. 하지만 시진핑이 뒤이어 말했듯이 중국과 러시아가 이 변화를 주도하고 자신들의 이미지로 만들어낼 수 있을지는 또 다른 문제다.[1]

　　깊은 문화적 분열이 국내 정치를 괴롭히면서 미국은 국제 정세에 관심을 덜 기울이게 됐고 지정학적 리더십에서도 한 걸음 물러나 있는 상황이다. 반면 러시아는 우크라이나 침공, 중국의 적극적 행보, 자국과의 긴밀한 관계 등이 합쳐져 대서양 동맹에 긴장을 불러일으키면서 국제적 관심을 받게 됐다. 더욱이 러시아와 중국의 동맹 강화는 역사상 처음으로 대서양 동맹과 태평양 동맹이 서로 돕는 형국을 만들어냈고 G7이 이를 융합하고 있다.

　　미국과 동맹국들이 새로 찾은 단결과 노력 대부분을 중국과 러시아에 맞서는 데 쏟을지, 아니면 우리 시대 가장 크고 시급한 글로벌 과제인 기후 변화 대응에 집중할 수 있을지는 아직 불확실하다. 양측의 국제 질서에 대한 비전이 완전히 모순되고 절대로 양립할 수 없다는 사실만 확실하다. 결국에는 어느 한쪽이 21세기를 지배할 것이다. 모든 자유민주주의 국가가 사상과 표현의 자유를 누리고, 법치와 투명성을 중시하며, 정부가 국민을 위해 봉사하지 않으려야 않을 수 없는 그런 세상을 만들기 위해서는 새로운 교범이 필요하다. 최근 역사에서 교훈을 찾고 신냉전과 구냉전의 중요한 차이점을 인식하면 이 새로운 각축전을 현명하게 관리할 다섯 가지 규칙을 도출할 수 있다. 이 규칙으로 파괴적 분쟁 위험을 줄이고, 경제 세계화의 주요 이점을 유지하며, 자유민주주의를 되살리고, 글로벌 도전 과제의 국제 협력을 강화할 수 있다.

규칙 1: 자기충족적 예언을 하지 말 것

첫 번째 규칙은 신냉전의 갈등 상황에 섣부른 '자기충족적 예언(Self-fulfilling Prophecy)'을 하지 말라는 것이다. 다 잘될 거라는 식의 긍정적 자기충족적 예언은 특히 금물이다. 공교롭게도 국제 정세는 우리의 기대나 희망대로 흘러가지 않는다.

국가 정부 차원에서 최악의 자기충족적 예언은 상대의 의도를 자의적으로 해석해 정작 자신들이 피하고 싶었던 미래를 만드는 것이다. 역량이 항상 의도를 반영하는 것도 아니며, 오늘의 공식 성명이 반드시 내일의 행동을 가리키는 것도 아니다. 곧이곧대로일 수도 있다. 당사자 말고는 아무도 모른다. 유럽 국가 대부분이 2022년 우크라이나를 침공한 블라디미르 푸틴의 의도나 1939년 폴란드를 침공한 아돌프 히틀러(Adolf Hitler)의 의도를 평가할 때 그랬듯이, 적대적인 정부가 자국 안보에 미치는 위험을 과소평가하곤 한다. 반대로 조지 W. 부시 행정부가 9.11 테러가 벌어졌을 때 사담 후세인이 오사마 빈 라덴(Osama bin Laden)의 알카에다(Al-Qaeda)와 관련이 있으며 대량살상무기를 비밀리에 비축해왔다고 보고서를 잘못 해석한 것처럼 위험을 과대평가할 수도 있다. 그렇게 이뤄진 미국의 군사 개입은 결과적으로 실패했고, 중동 심장부에서 이란의 영향력만 크게 키워버렸다.

지금 같은 신냉전 시대에서는 상대의 역량과 의도를 잘못 판단할 가능성이 더 크며, 잘못 판단했을 때 받게 될 부정적 영향도 더 크다. 미국과 대부분 유럽 국가는 중국을 구소련과 유사한 유형의 위협, 즉 중국의 궁극적 목표가 주변 지역은 물론 전 세계를 자신들의 지배하에 두는 것이라고 간주하는 경향이 있다. 중국공산당의 행보를 보면 그런 것도 같다. 자국의 경제력과 군사력을 이용해 주변 지역을 지배하고 미국과 어깨를 나란히 하려고 든다. 그러나 능력을 의도와 곧장 연결하는 것은 성급한 판단인 데다, 설령 중국이 그런 능력과 의도를 가졌더라도 정말로 21세기 세계를 지배할 수 있을지는 의문이다. 논리적으로 그렇다.

현재 중국 내부는 정치적 모순과 경제적 취약점으로 가득 차 있다. 그리고 가장 큰 강점이 가장 큰 약점으로 작용하고 있는 나라다. 엄청난 내수 시장을 가졌어도 중국 경제는 여전히 대외 무역에 크게 의존한다. 인구 고령화와 이민에 대한 저항이 미래 소비에 명확한 한계선을 긋고 있기 때문이다. 외국과 무역하지 않으면 중국은 성장하지 못한다. 그렇기에 국제 시장과 자원을 확보함으로써 자국의 취약성을 보완하고 있다. 물론 SCO와 브릭스를 확대하고자 애쓰는 모습에서 알 수 있듯이 다른 나라들과의 상업적 관계를 정치적 영향력으로 굳히고 싶어 하지만, 그런 노력은 오히려 자신들이 편의주의적 집단임을 드러낼뿐더러 조금만 압력을 받으면 금세 산산이 조각난다. 게다가 미국과 달리 중국에는 진정한 의미의 동맹국이 없다. 과거와 현재를 통틀어 그런 강대국은 중국이 유일하다. 아시아-태평양 지역에서 정치적 영향력을 키울 수 있다는 희망조차도 외부 기회와 위협을 자기 방식대로 해석해 늘 제동이 걸리고 만다.

　중국은 2011년 11월 오바마 행정부가 추진하겠다고 발표한 '아시아로의 회귀(Pivot to Asia)' 외교 안보 전략을 잘못 읽었다. 본래 취지는 아시아-태평양 국가들과 관계를 개선하겠다는 것이었다. 중국은 이를 미국이 자신들의 남중국해 영유권 주장에 군사적으로 이의를 제기하겠다는 의미로 받아들여 2013년~2015년 남중국해 인근 암초와 섬을 장악함으로써 해당 지역에 군사 시설을 설치하지 않겠다는 약속을 어겼다. 그 행동은 중국의 지정학적 야심에 대한 반감만 키우는 결과를 초래했다. 2018년 3월 베트남은 미국 항공모함의 연이은 입항을 승인했고, 2021년 9월 호주는 미국 및 영국과 오커스 협정을 맺어 역내 군사 활동을 허용함과 동시에 핵 추진 잠수함 함대를 보유할 수 있게 됐다. 이때부터 미국과 동맹국들의 남중국해 인근 항행 횟수가 크게 늘었다. 2023년 2월 필리핀은 미국과의 '국방 협력 강화 협정(EDCA)'에 따라 중국과 인접한 4개 기지를 미군의 순환 주둔지로 지정해 제1도련선 방어 태세를 한층 강화했다. 2023년 8월 미국과 한국 그리고 일본은 캠프 데이비드에서 역사적인 3국 공조 공동 성명을 발표했다.

푸틴이 우크라이나 침공에 대한 나토 회원국들의 반응을 축소 해석해 미국과 대서양 동맹에 새로운 힘과 명분을 선물한 셈이라면, 시진핑은 '아시아로의 회귀' 전략을 확대 해석해 미국과 태평양 동맹 및 이웃 국가들이 서로 힘을 합칠 빌미를 제공했다.

이런 오해와 실수가 신냉전의 잠재적 화약고인 대만에는 어떤 영향을 미칠까? 일찍이 시진핑은 늦어도 2049년까지 대만과 중국 본토를 통일하겠다고 분명히 밝혔다. 이와 관련한 공식 성명은 계속해서 '평화적' 통일을 강조하고 있지만, 실제 중국의 행보를 보면 '무력' 사용도 배제하지 않고 있다.[2] 2025년경 미국과 중국의 군사 충돌이 시작되리라고 예견하는 미군 고위 인사가 많아진 까닭도, 중국이 지난 10년간 대만 주변에 군사력을 대규모로 증강한 데다 육해공 연합 훈련을 빈번히 시행하고 있기 때문이다.

그런데 대만을 둘러싼 중국의 군사력과 훈련에 정말로 무력 통일 의도만 있을까? 물론 중국공산당은 대만이 공식적으로 독립을 선언해 자신들이 설정한 마지막 선마저 넘어버린다면 미국이 대만을 봉쇄하고 방어 태세를 갖추기 전 군사 공격을 감행할 수도 있을 것이다. 그렇더라도 무력 침공은 크나큰 희생과 비용을 수반하는 위험한 방법이다. 중국도 그런 방법을 선호하지는 않을 것이다. 시진핑이 그린 2049년 통일 비전은 2049년까지 대만을 군사적으로 위협하면서 경제적·정치적·외교적으로 서서히 압박해 최종적으로 항복시킨다는 '아나콘다 계획(Anaconda Plan)'일 수도 있다.[3]

이 두 가지 상반된 시나리오는 한쪽으로만 잘못 해석하는 순간 걷잡을 수 없는 결과로 이어질 위험성을 높인다. 예컨대 중국의 공격을 억지하려고 미국이 대만에 공급하는 무기의 질을 높이거나 양을 늘리면, 중국 정부는 대만 지도부가 독립을 선언할 정도의 전쟁 억지력을 갖추기 전에 선제공격해야 한다고 결론 내릴 수 있다.

중국의 잠재적 미래 역량과 의도에 깊은 우려를 표하는 미국과 동맹국들을 바라보면서, 미국이 지난 냉전 때 소련에 그랬듯 중국에도 공식적인 봉쇄 정책을 취해야 한다고 주장하는 사람들이 늘고 있다. 이는 무역과 투자 제한을 넘어 아시아-태평양 국가들과의 정치적·군사적 관계 강화도 수반한다. 무역 제재 등 강력한 봉쇄로 중국의 경제 성장을 차단하면, 군비 확충을 막을 수 있는 동시에 내부 약점을 극대화할 수 있다는 것이다. 이 발상의 밑바탕에는 외압으로 중국공산당과 국민 사이에 쐐기를 박아 틈을 벌리면 어떤 형태로든 정권 교체가 이뤄지리라는 기대감이 숨어 있다.[4]

하지만 이런 접근 방식에는 문제가 있다. 중국은 과거 소련보다 통치를 더 잘하는 국가다. 적어도 지금까지는 그렇다. 지난 30년 동안 중국공산당은 극심한 내부 불안과 어려운 도전 과제를 극복하고 중국 인구 복지 대부분을 크게 개선했으며, 외부 관점에서는 어떨지 몰라도 중국 국내에서는 유의미하거나 상당한 규모의 반대 여론은 형성되지 않았다. 따라서 정치적 불안정을 의도하는 봉쇄 정책을 추진하면 외부 세력에 대한 중국 국민의 반발심만 부추길 공산이 크다. 당연히 중국공산당은 자국 인민의 민족주의를 선동하는 방식으로 대응할 테고, 대만 문제 등 가뜩이나 위험한 상황을 더 악화하는 국면으로 치닫게 될 수 있다. 나아가 중국공산당 지도부는 러시아, 북한, 이란처럼 국제 안정 따위 전혀 신경 쓰지 않는 나라들과 더 끈끈한 관계를 맺음으로써 미국과 동맹국들에 저항할 것이다. 그리고 무엇보다 중국 같은 거대한 국가조차 외부 압력으로 붕괴한다면, 향후 지구상에서 안전한 국가는 어디에도 없게 될 것이다.

현재로서는 중국의 잠재적 미래 역량과 의도가 아직 불확실하다고 전제해야 하므로, 봉쇄 논리는 결코 좋은 대안이 될 수 없다. 역내 안정과 글로벌 거버넌스를 훼손하는 중국의 행보에 저항하는 한편, 경제적으로는 계속해서 신중히 협력하고 지정학적 도전에는 유연히 대처하면서, 중국공산당과 중국 국민이 내부적 모순을 스스로 해결해나가기를 기다리는 게 더 현명한 전략이다. 중국 국민의 각성과 중국공산당 지도부의 사고 변화만이 중국을 경제적으로 지속 가능하고 정치적으로도 안정적인 강대국으로 바뀌게 할 수 있다. 아울러 만약에 중국이 경제적 재앙이나 내전을 겪게 되더라도 다른 국가들이 억지로 부채질해서는 안 될 것이다.

그러나 그 옛날 덩샤오핑의 표현처럼 전략적 인내나 때를 기다리는 것도 힘이 있어야 가능한 일이다. 그렇기에 미국과 자유민주주의 동맹이 강자의 위치를 확보하고 있어야 한다. 그렇지 않으면 중국의 권위주의와 독단적 행동은 세계적 수준의 군사력과 기술력을 등에 업고 계속해서 이웃 국가와 자유민주주의 국가들이 지향하는 국제 질서에 심각한 위협을 가할 것이다.

규칙 2: 자유민주주의로 뭉칠 것

전 세계적으로 민주주의가 제대로 작동하는 국가들의 수가 감소하고 일부 국가는 권위주의 독재 체제로 변질한 신냉전의 국제 정세 속에서, 이제 나머지 자유민주주의 국가들이 21세기 도전 과제에 가장 효과적인 글로벌 거버넌스 모델을 수립해야 하는 상황이다. 풍부한 천연자원이나 특별한 부를 가진 몇몇 국가를 제외하면 다행히 대부분 영역과 척도에서 미국과 동맹국들이 여전히 우위를 점하고 있다.

그런데 세계화와 기술 혁신 문제로 골치를 앓고 있는 데다 저성장으로 중산층마저 위축되다 보면 이런 사실을 간과하기 쉽다. 비록 나라마다 갈 수 있는 길이 다르고 국내 정치 상황도 다르겠지만, 반드시 자유민주주의 진영에서 해야 하는 역할이다. 물리적 인프라, 디지털 인프라, 녹색 에너지, 기후 변화, 안보, 교육, 보건, 연금 등 모든 면에서 자유민주주의 체제가 압도적으로 우월하다는 사실을 재입증해야 한다. 자유민주주의 동맹 세력이 끝까지 이 열쇠를 쥐고 있어야 한다. 특히 가장 크고 새롭고 민감한 도전 과제는 분쟁에 휩싸인 글로벌 사우스 국가들로부터 유입될 젊은 이민자들을 적절히 분산시키고 통합할 수 있는 정치력이다. 이들이 권위주의 독재 세력으로 합류하게끔 수수방관해서는 안 된다.

도전 규모가 만만치 않기 때문에 민주주의 국가들이 더 적극적으로 자유민주주의 기치 아래 뭉쳐서 지속 가능한 발전과 공평한 성장의 길을 모색하고자 함께 자원을 모으고 경제 안보와 회복 탄력성에 함께 투자하는 팀워크를 이뤄야 할 것이다. 그 대표적인 공론의 장이 EU를 포함한 G7인데, 하루빨리 한국과 호주를 끌어안아 G7을 G9으로 확대해야 미국과 동맹국이면서 중국과 러시아의 동반자 관계로부터 위협을 받는 주요 자유민주주의 국가들에 기술

력과 집단적 경제 안보를 조율하고 강화하겠다는 확실한 신호를
보낼 수 있다.

한국과 호주의 참여로 G7이 G9으로 확대되면 탄소 시대 말기
에너지 안보를 러시아에 의존하고 녹색 시대 초기 재생 에너지 전
환을 중국에 의존한 유럽의 실수를 반복하지 않을 수 있다. 다른
주요 자유민주주의 동반자들과 함께 전기자동차 배터리와 가공 희
토류 같은 중요한 녹색 기술의 중국 의존도를 대폭 낮추도록 협력
할 수도 있다. 그뿐만 아니라 새로운 통신 기술, AI, 양자 컴퓨팅용
반도체 공급망도 강화할 수 있다.

새로운 통신 기술과 AI 및 양자 컴퓨팅용 반도체를 위한 공급
망에 중요한 역할을 하고 있다. 한국은 세계 1위의 6G 통신 개발
국이자 첨단 반도체와 배터리 생산국이며, 호주는 세계 1위 리튬
생산국이자 세계 4위의 우라늄 생산국이다(세계 2위도 G7 회원국인 캐나
다). 그동안 호주의 원자재가 중국을 산업 강국으로 만들었다면, 이
제는 G9 공동체를 녹색 에너지 분야 글로벌 초강국으로 도약시킬
수 있다.

G9 국가들은 인구만 놓고 보면 전 세계의 14%에 불과하지만,
GDP는 절반인 50%이고 국방비 총합은 절반이 넘는 60% 이상을
차지한다.[5] 더 중요한 점은 전 세계 상위 12개 R&D 지출국에 G9
국가가 속하는 데다,[6] 전 세계 상위 25개 대학 가운데 22개 대학
연구개발 지출의 약 65%도 G9이 부담하고 있다는 것이다.[7] 특허

출원에서 중국의 독주에 도전하는 국가들도 G9이다. 2021년 기준 미국, 일본, 한국, EU의 특허 출원 건수는 130만 건으로, 중국의 160만 건을 열심히 따라붙었다.[8]

G9 국가의 총체적 역량은 SCO나 확대된 브릭스의 단순한 통계에 비할 바가 아니다. 이 국제 공동체가 첨단 기술과 핵심 공급망을 주도적으로 발전시킬 수 있는 까닭은 자유민주주의라는 하나된 가치와 거버넌스 체제를 공유하는 데서 얻는 전략적 신뢰와 깊고 끈끈한 안보 동맹을 바탕으로 가히 절대적인 상호 부조 관계를 형성하고 있기 때문이다. 이는 인도가 안보 우려를 이유로 많은 중국 기술 기업에 자국 시장 진출을 금지한 것이나, 사우디아라비아와 이란이 역내 안보 상황과 종교 문제로 언제든 브릭스를 빠져나올 수 있다는 것과 극명히 대조되는 대목이다.

G9 공동체가 신속히 구성된다면 향후 정부 간 소규모 사무국을 신설해 더 효과적으로 정책 연속성과 전달성을 보장할 수 있다. 그만큼 빠르게 움직일 수 있다는 뜻이다. G9을 통해 합의된 공동 투자 사안을 지속해서 관리하고, 중국이나 러시아 또는 다른 독재 국가들과 긴장이 고조될 경우 그 즉시 비상 계획을 수립해 공동 제재나 기타 경제적 대응으로 맞설 수 있다.

아울러 전 세계 주요 자유민주주의 국가들이 중국에 대해 전략적 인내의 길을 걷고 러시아나 다른 권위주의 독재 정권을 저지할 준비를 하는 데도 G9이 중요한 역할을 할 수 있다. 신냉전 속에서 독재 체제로 변질한 국가가 늘어나 유엔의 전쟁 및 침략 행위 금지 결의를 무시하고 싶어지면 내부 불안감을 외부로 표출할 가능성도 커지게 마련이다. 지난 냉전 시대 서방 세계가 그 역할을 맡은 것처럼 이때 신뢰할 만한 억지력을 발휘해야 할 주체는 G9이 될 것이다. 물론 군사적 집단 안보 강화는 나토와 미국의 태평양 동맹 사이의 긴밀한 협의와 조율에 달렸다. 여기에 더해 G9 공동체의 즉시 배치 가능한 군대, 최첨단 통신, 비대칭 전력, 허위 정보 대응, 기술 상호 운용성, 정기 훈련 등에 얼마만큼 재정 투자를 하느냐도 주효하게 작용할 것이다.

AI 개발에서의 기술 표준이나 데이터 공유를 위한 개인정보 보호 요건과 마찬가지로 국방비 지출 수준과 관련해 G9 국가들 사이에서 크고 작은 균열이 생길 것이다. 아마도 유럽 국가가 미국이나 한국, 호주, 일본보다 기술 혁신을 대할 때 위험 회피 성향이 더 강할 텐데, 일테면 새로운 버전의 AI 프로그램이나 인터넷 애플리케이션 출시 속도를 제한하고자 '사전 예방 원칙'을 우선시할 것이다. 태평양 지역 국가들과 연계해 중국 투자 제한을 서둘러 확대하려는 미국에 저항할 수도 있다.

그러나 중국과 러시아가 긴밀히 공조하고 있는 현실은 이미 러시아 경제 제재와 중국에 대한 방어적 경제 조치에서도 엿볼 수 있듯이 유럽을 미국과 동맹국들에 보조를 맞추도록 몰아가고 있다. 다소 높은 수준의 대응이라도 어느 정도 공감할 수밖에 없는 상황이다. 더욱이 현재 유럽이 인도-태평양 지역의 안보 확립에 예전보다 더 구체적이고 덜 수사적인 목소리를 내는 것도 그들이 더는 미국과 아시아 동맹국들의 안보 위기를 수동적으로 관망하지 않고 있음을 방증한다. 어쨌든 전 세계 주요 민주주의 국가들의 집단적 경제 회복력과 군사력을 높여 일관된 대중국 정책을 추진하고 오해와 실수 위험을 최소화할 세력은 미국과 동맹국들밖에 없다.

백악관 열쇠를 누가 쥐게 되든 간에, 특히 국제 경제 정책에서 글로벌 리더십 역할에 대한 의지가 더 불확실해질 수도 있는 미국의 국내 정치 현황을 고려할 때 가능한 한 더 빨리 G7을 G9으로 확대해야 한다. G9 구축은 필수 중 필수다. G9이 긴밀한 협력 구조와 행동 방식을 더 많이 확립할수록 자유민주주의 진영은 가까운 미래에 더 나은 위치를 점유할 수 있으며, 개인적으로 바라진 않지만 도널드 트럼프나 그와 비슷한 인물이 집권해 미국의 새 정부를 구성하더라도 혼란을 관리하고 극복할 수 있다.[9]

규칙 3: 평화로운 경제 경쟁 구조를 만들 것

하지만 신냉전 상황에서 중국과의 무역 및 투자 수준을 높이지 말아야 한다는 생각은 갖가지 위험 요소를 내포하고 있다. 자칫하다가는 G9 국가들과 전 세계 시민들의 생활을 향상하는 통합 공급망과 개방된 무역 협정이 단절될 것이다. 단합이 매우 중요하지만, 중국 시장에 대한 노출도와 의존도가 G9 국가마다 달라서 매 순간 응집력을 시험받게 된다. 국제 무역에서 가격 변동성을 높일뿐더러 G9 국가들 내부는 물론 전 세계적으로도 인플레이션 압력이 심해질 것이다.

그렇다고 너무 걱정할 것까지는 없다. 비록 반도체, 통신 장비, 가공 희토류 같은 민감한 품목의 수입 의존도는 낮추더라도, 자동차나 자동차 부품, 가전제품, 민간용 공작기계, 명품, 의류, 식품, 금융 서비스, 엔터테인먼트 등 비핵심 부문의 무역과 투자를 더 확대하면 G9 국가와 중국 모두가 이익을 볼 수 있다.

무역 및 투자 제재를 중국을 약화할 지경학적 수단으로 사용하면 반드시 실패하고 위험마저 초래할 수 있다. 중국 역시 전 세계 수많은 국가와 경제적 협력 관계를 맺고 있는 데다 정치적 추종 세력도 많아서 G9이 단합해 경제 봉쇄 정책을 펼친다 한들 그 효과는 잠깐뿐이다. G9이 무역 및 투자 제한을 무턱대고 강화하면 중국과 관계를 더욱 공고히 하려는 러시아에 힘을 실어줄 수 있다.

일단은 핵심 분야에서 중국 의존도를 낮추는 데만 집중해야 한다. 그리고 추후 G9 국가들이 중국 공급망에 목을 매지 않고 불공정 경쟁에 맞설 준비가 끝났을 때도 안보에 영향을 미치지 않는 선에서 약 90% 정도는 중국과 경제 관계를 계속 발전시켜나가는 게 좋다. 서로 이익이 되는데도 척을 질 필요는 없다. 중국과 단절해 경제적으로 손해를 보고 정치적 영향력을 행사할 기회를 놓칠 바에 중국의 성장 과정에 소극적으로라도 참여하는 것이 낫다. 이것은 이것이고 그것은 그것이다. 무역 관계가 개방적이라고 해서 국제법을 위반하고 유엔을 입맛대로 바꾸려는 중국에 이의를 제기하지 말라는 법은 없다. 힘이 있으면 더 좋다. G9 국가들 모두 중국 의존도가 낮고 일관성 있게 응집할 수 있다면 중국이 취할지 모를 경제 보복 조치에도 아랑곳하지 않을 수 있다.

이는 G9 국가들이 중국과 광범위한 경제적 디커플링은 피하면서 보호 장치를 마련하는 데 집중해야 할 논리의 배경이다. 좋은 예로 바이든 행정부는 중국과의 첨단 기술 관계를 위해 '높은 장벽의 좁은 마당'을 구축해야 한다고 주장했다.[10] 이 접근법에는 중국이 더 강력한 군사적·전략적 경쟁자가 되지 못하도록 수출과 투자를 제한할 특정 기술을 식별하겠다는 의미가 담겨 있다.

그런데 무엇이 더 중요하고 무엇이 덜 중요한지 콕 집어 설명하기란 쉬운 일이 아니다. 어떤 전문가들은 미국이 핵심 기술에서 중국보다 '한두 세대'만 앞서도 충분하다고 주장한다. 반면 제이크 설리번 국가안보보좌관은 미국이 '가능한 한 큰 격차'를 유지하는 더 개방적인 목표를 추구할 것이라고 말했다.[11]

헷갈리지 말아야 할 부분은 미국이 중국과의 전략적 경쟁에서 더 많은 분야가 중요하다고 판단함에 따라 영역을 계속해서 확장해나가고 있다는 점이다. 생체공학 발전은 새로운 생물무기를 개발하거나 인간의 인지적·신체적 능력을 극대화한 이른바 '슈퍼 솔저(Super Soldier)'를 만들어내는 데 쓰일 수도 있다. 그리고 중국이 컴퓨팅 능력을 제한해놓은 그래픽 처리 장치를 굳이 수입하지 않고도 얼마든지 자체적으로 AI 시스템을 구축할 수 있게 되면, 미국은 중국 기업들이 미국 기반 클라우드 컴퓨팅 서비스에 접속하지 못하도록 차단할 수도 있다.[12] 미국 의회 일부 의원들은 훗날 중국과의 관계가 심각하게 악화하거나 무력 충돌이 발생할 때 중국이 자동차 제조업처럼 겉보기에 중요하지 않은 부문을 인질 삼지 못하도록 아예 지금부터 중국산 전기자동차 배터리와 가공 희토류 수입을 제한해야 한다고 주장한다.[13] 하지만 한편으로 또 어떤 의원들은 중국공산당이 조만간 불거질 중국 내 인구 고령화 문제를 잘 관리할 수 있도록 미국의 금융 서비스를 적극적으로 수출하자고 제안한다.

얼핏 보면 맥락도 부족하고 일관성도 없어 보이지만, 이런 불확실성이 바이든 행정부의 확고한 접근 방식을 누그러뜨리지는 못한다. 갈팡질팡하는 것 같아도 어쨌든 미국의 기조는 중국과 기타 경쟁국들을 군사적 경쟁국으로 격상시킬 만한 모든 기술에 대해서는 수출 및 투자 제한을 걸고 그 밖의 무역은 그대로 유지한다는 것이다. G9이 형성되더라도 이 기조에는 변함이 없으며, 신냉전 시대에서 일관된 가치를 고수하기 위해 중국 및 기타 경쟁국과의 경제 관계에서 G9 사이에도 공통된 접근법을 밀어붙일 것이다. 실제로도 G9의 다양한 이해관계 경험은 핵심 기술과 비핵심 분야를 비교적 잘 분류해 최적화한 실행 기준을 설계하는 데 도움이 될 수 있다.

중국공산당 지도부는 중국과의 무역에서 위험을 제거하는 '디리스킹(derisking)' 접근법이 자국을 경제적으로 발목 잡기 위한 꼼수일 뿐이라고 비난한다. 2023년 7월 베이징 칭화대학교에서 열린 한 콘퍼런스에서 한정(韓正) 부주석은 "위험 제거(디리스킹)야말로 가장 큰 위험"이라고 경고했다. 그렇더라도 평화로운 경제 경쟁 구조 안에서는 중국도 어쩔 수가 없다. 이미 '중국제조 2025' 계획에서 분명히 드러냈듯이 중국은 국내 혁신을 위한 보조금 지원, 지식재산권 강제 이전, 산업 스파이 활동 등 어떤 수단을 써서라도 할 수 있는 한 빨리 자체 첨단 기술 역량을 확보하려고 부단히 노력하고 있다.

디리스킹은 현재로서 가장 현명한 해결책이다. 따라잡기 위해 중국이 더 열심히 더 오래 애쓰도록 만들고, 특정 핵심 기술에서는 최소한 한 걸음이라도 뒤처지게 하는 것이다.

규칙 4: 세계 각국의 군비 통제를 위해 노력할 것

중국과의 평화로운 경제 경쟁 구조를 지속해서 만들어나가는 것도 미국과 동맹국들이 해야 할 일이지만, 그런 구조가 없고 평화로운 경쟁도 어려운 영역이 바로 군비 통제다. 냉전이 계속된다 한들 전쟁만은 막아야 하기에 사실상 가장 중요하다고 할 수 있다.

중국공산당 지도부는 2023년 11월 고위급 군사 접촉 재개를 합의하고도 현재까지 남중국해 대치 상황과 관련해 미국과의 협상을 거부하고 있다. 표면적으로만 무력 충돌 방지 협의일 뿐 자신들의 영유권 주장을 문제 삼을 게 빤하다고 여기기 때문이다. 2023년 7월 나도 참석한 한 콘퍼런스에서 추이톈카이(崔天凱) 전 주미 중국 대사는 "우리는 잘못된 길로 향하는 가드레일에는 관심이 없다"고 말했다. 중국은 남중국해 지역의 자국과 경쟁국 해군 및 공군 사이에 합의된 교전 수칙이 없어야 미군이 움직이지 못한다고 믿는다. 그런데도 미국 정부는 미래에 벌어질지 모를 전쟁을 피하거나 완화하고자 양측 군사 지휘부 사이에라도 긴급 직통 회선을 마련해놓자고 계속 중국을 설득하고 있다. 지극히 당연하고 옳은 태도다.

핵무기와 관련한 상황은 더 위험하다. 핵 군비 경쟁이 치열해 핵무기 확산이나 우발적 발사 우려가 급격히 커지고 있다. 2019년 트럼프 행정부는 1987년 러시아(당시 소련)와 맺은 'INF(중거리 핵전력)' 조약에서 탈퇴했다. 재래식 탄두나 핵탄두 탑재와 상관없이 사거리 500킬로미터에서 5,500킬로미터의 탄도 미사일과 순항 미사일 생산과 배치를 금지하기로 약속했고 그렇게 해왔었다. 러시아가 먼저 INF 조약을 위반하고 최소한 2015년부터 비밀리에 미사일을 현대화했다는 것이 이유였다. 러시아도 곧바로 이행 중단을 선언했다. 그렇지만 사실 더 큰 이유는 중국이 이 조약에서 빠져 있었기 때문이다(당시 중국은 별다른 핵 위협이 없었기에 INF 조약 대상국이 아니었다_옮긴이). 그도 그럴 것이 중국에 INF 규제가 없는 상황에서 미국만 제약을 받는다면 태평양 지역 방어에 상당한 구멍이 뚫리는 셈이다.

실제로도 현재 중국은 군비를 통제하고 있지 않다. 오히려 10년 안에 미국과 러시아와 대등한 수준의 핵탄두와 미사일을 비축하는 게 목표다. 2020년 6월 중국은 미러 양국 사이에 마지막 남은 전략 핵무기 감축 조약이던 2010년 '뉴스타트(New START/신 전략 무기 감축 조약)'의 연장 논의에 동참하자는 미국과 러시아의 제안을 거절했다. '뉴스타트'는 1991년 미소 간 체결한 '스타트'의 맥을 잇는 협정으로, 가입국들이 보유하는 대륙 간 전략 핵탄두와 미사일 및 전략 폭격기 총수량에 제한을 두고 정기적 검증 틀을 마련한 조약이었다.

그러나 러시아의 우크라이나 침공에 미국과 동맹국들이 단호히 대응하자 2022년 8월 블라디미르 푸틴은 뉴스타트에 따른 미국의 핵사찰 요구를 거부한다고 발표했다. 이에 2023년 1월 바이든 행정부는 러시아가 조약 의무를 준수하지 않으면 2026년 2월 만료 예정인 조약이 소멸할 수 있다고 경고했다. 조약 소멸이 무엇을 의미하는지 알기에 푸틴은 참여 중단일 뿐 탈퇴는 아니라고 여지를 남기긴 했지만, 미국 고위 정책 입안자들은 미국 무기고의 두 배에 달하는 러중 공동의 핵 위협에 직면할 수 있음을 우려하면서 미국이 군비 역량을 더 강화해야 한다고 주장하고 있다.[14] 미국, 러시아, 중국 간 핵무기 통제 협상이 교착 상태에 있는 한 우발적이든 의도적이든 핵 대결 위험은 걷잡을 수 없이 커질 것이다.

신냉전은 1968년 NPT에 따라 핵무기 보유국들이 미래 어느 시점에 모든 핵무기를 폐기하겠다는 약속도 더욱 공상적으로 만들었다. 그동안 핵무기를 보유하지 않았던 국가 중 하나 이상의 적대국과 마주하고 있는 국가들에 명분을 제공함으로써 도미노 효과 우려까지 낳고 있다. 한국, 일본, 브라질, 아르헨티나, 사우디아라비아, 이란, 튀르키예는 모두 핵무기를 만들 기술적 능력과 운반 체계를 갖고 있거나 접근할 수 있는 나라들이다. 미국의 동맹국들은 러시아나 중국이나 이란이 미국을 직접 위협하지 않는 선에서 주변국들에 공격적인 움직임을 보일 때마다 당연히 미국의 확장 억지력이 여전히 유효한지 확인하고 싶을 것이다.[15] 더욱이 이들은 러시아가 핵확산 위협을 십분 활용해 나토와 미국이 우크라이나에 더 힘을 실어줬을지 모를 군사적 지원을 하지 못하도록 설득하는 모습까지 목격했다.

핵무기 확산 흐름은 이미 멈출 수 있는 단계가 아닐지도 모른다. 그래도 미국은 포기하지 말고 어떻게든 중국과의 의제에 핵 문제를 포함해야 한다. 핵 원칙과 운용 능력에 대한 투명성 개선을 계속해서 설득하고 되도록 먼 미래까지 불안 요소를 상쇄할 만한 신뢰 구축 조치를 이끌어내야 한다. 이상적으로는 이런 논의를 지상에서의 핵탄두와 미사일 보유 체계를 넘어 사이버전이나 우주 공간에서의 공격 또는 2023년 11월 샌프란시스코에서 열린 APEC(아시아-태평양 경제협력체) 정상회의 때 언급된 AI 오용에 의한 핵 지휘 통제 시스템 붕괴를 방지하기 위한 원칙 수립으로까지 확대해야 할 것이다.

지구상에 핵무기가 너무 많아지고 있다. 역내 모든 강대국과 동맹국의 군비 증강이 더 진행되기 전에 하루속히 미중 간 핵 원칙 협상이 이뤄져야 하며, 그래야 인도-태평양 지역 재래식 군비 통제에 관한 병행 논의로 이어져 신뢰를 구축할 수 있다.

규칙 5: 글로벌 사우스와 협력할 것

마지막 다섯 번째 규칙은 신냉전에서 중국과 러시아에 맞서는 것만큼이나 글로벌 사우스 국가들과 협력하고 그들의 우선순위를 헤아리는 데도 큰 노력을 기울여야 한다는 것이다. 신냉전 전략은 글로벌 사우스가 핵심이라고 해도 과언이 아니다. 기후 변화에 슬기롭게 대처하고 지속 가능한 발전을 이루는 것이 자유민주주의 국가들의 유의미한 차이를 만들어낼 목표인 동시에, 신뢰성을 올

바르게 평가받고 그 평가로부터 커다란 이익을 얻을 수 있는 유일한 방법이다. 자유민주주의는 글로벌 사우스의 지지 없이는 승리할 수 없으며, 글로벌 사우스를 위한 싸움은 21세기 주도권을 잡기 위한 전투다.

우리의 더 나은 미래를 건설하는 데 글로벌 사우스 국가들이 협력하기를 원한다면, 그들이 중국의 영향력 궤도에 끌려가거나 러시아의 분탕질에 굴복하기를 바라지 않는다면, 신냉전이 기후 위기 대응과 지속 가능한 발전을 위한 과제에 걸림돌이 되지 않도록 해야 한다. 관건은 유엔 체제와 다자 간 협력 구조가 교착 상태에 빠진 지금의 난관을 어떻게 풀어나가느냐다. 다행히 자유민주주의 국가들에는 몇 가지 선택지가 있다.

무엇보다도 글로벌 사우스의 다양한 국가를 마음을 다해 발전의 동반자로 대해야 한다. 그리고 각국의 서로 다른 경제 성장 방식을 고려해 맞춤형으로 접근해야 한다. 새로운 화력 발전과 더 많은 태양광 발전 사이에서 투자 방향을 고심하는 인도, 농업을 더 발전시키고 열대 자원을 활용하는 방법에 대해 고민 중인 브라질, 광업을 유지하면서 저탄소 도시화를 모색하고 생물 다양성을 보호하고자 노력하는 아프리카 국가들에 모두 다르게 접근해야 그들 모두가 지속 가능한 발전 목표를 이루는 데 도움을 줄 수 있다.

글로벌 사우스 국가들은 저마다 잠재력이 있다. 아르헨티나의 건식 농법은 저탄소 농업을 촉진할 수 있고, 케냐와 탄자니아 등 여러 아프리카 국가들의 바이오 연료 개발도 글로벌 사우스를 지속 가능한 발전의 선두 주자로 만들기에 충분하다. 최근 인도의 달 탐사 성공은 달 또는 다른 태양계 행성에서 광물을 채굴할 가능성과 관련해 기존 우주 강대국들과의 공동 연구 전망을 열어줬으며, 적절한 기술 지원만 있다면 아프리카 국가들은 현지에서 신종 바이러스의 유전자 염기서열 분석을 수행해 글로벌 보건 안보 체계를 갖추는 데 주요 연결 고리가 될 수 있다.

따라서 우리는 글로벌 사우스 국가들과 그들이 참여 중인 역내 무역 그룹에 양방향 다리를 놓아야 한다. 주요 다자 간 무역 의제가 없고 미국이 신규 무역 협정 추진을 보류하고 있는 상황에서 EU, 호주, 캐나다, 일본, 영국 등은 '아세안', '아프리카 대륙 자유 무역 지대', '메르코수르' 등과 협정을 맺거나 합의해 이들 그룹이 시장 개방의 힘에 눈을 뜰 수 있도록 도와야 한다. 우리의 풍요로운 소비 시장에 대한 접근성 향상은 인구와 중산층이 급성장하고 있는 글로벌 사우스 국가들에 좋은 비전이 될 뿐더러 많은 혜택을 제공할 것이다. 제6장에서 살핀 것처럼 많은 기업이 중국 내수 시장에서 수익성을 확보하는 데 지쳤고, 대만 위기가 고조될수록 중국 시장에서의 활동이 심각한 위험이 될 수 있음을 우려하고 있다. 이들 기업에도 글로벌 사우스 시장은 절호의 기회다.

비단 경제적 이유에서뿐 아니라 지정학적 측면에서도 그렇게 해야 한다. 글로벌 사우스 국가들 내 가난한 지역이 계속 도태하면

해당 인구가 북쪽으로 이민해 글로벌 노스 자유민주주의 국가들의 내부의 정치적 결속력을 약화할 것이다. 그와 동시에 글로벌 사우스 정치 지도자들은 중국이나 러시아와의 불투명하지만 손쉬운 거래에 더욱 얽매이게 될 것이다. 신냉전에서 자유민주주의 진영이 승리하는 모습을 보고 싶다면 이들에게 대안을 제시하는 것이 매우 중요하다. 트럼프 행정부가 오바마 행정부 때 최우선 과제였던 중국의 역내 경제 영향력 확대 대응에서 손을 떼자 일본이 나서서 '포괄적·점진적 환태평양 경제 동반자 협정(CPTPP)' 체결을 이끌어 냈는데, 무역 정책에 대한 이 같은 대안적 접근의 중요한 본보기라고 할 수 있다.

한 가지 우려 사항은 '탄소 국경 조정제'로 이른바 '탄소 관세'를 부과하겠다는 EU의 결정이 수출품 가격을 낮추는 일등공신인 저렴한 인건비를 상쇄함으로써 글로벌 사우스 개발도상국들의 초기 제조업 분야를 저해하리라는 점이다. 이를 보완하기 위해 EU는 이들이 자국 내 천연자원에 경제적 가치를 더할 수 있는 내수 시장 마련에 도움을 주고, 필요하다면 다른 관세와 마찬가지로 탄소 관세에서 목표 할당량을 설정해 가치 사슬을 끌어올릴 유인을 제공해야 한다. 아프리카에 생산 시설을 구축해 현지 고용을 창출하는 방식이 아닌, 그저 높은 환경 비용을 들여 자원만 추출해가는 중국 기업들의 이기적이고 불투명한 계약 행태가 오래도록 비판받아왔다. 유럽 정부와 기업들은 훨씬 더 나은 제안을 해야 한다.

특히 인프라 투자에 신경 써야 한다. 미국과 동맹국들은 아프리카, 중남미, 아시아 전역에 걸친 중국의 대규모 인프라 투자 계획 영향을 너무 뒤늦게 파악했다.[16] 그 계획으로 혜택을 본 일부 국가들이 상환 불가능한 부채 압박에 시달리고 있다지만, 2006년 ~2021년 중국 기업들의 아프리카 지역 투자 금액이 6,000억 달러가 넘는다는 사실은 역내 국가들의 환심을 사기에 충분했다. 그래도 2022년 독일 뮌헨에서 열린 G7 정상회의를 통한 '글로벌 인프라 및 투자 파트너십(이하 PGII)' 출범은 비록 늦은 감은 있으나 굉장히 좋은 대응이었다. 이로써 2027년까지 개발도상국들의 인프라 구축에 6,000억 달러를 투입해 녹색 에너지, 교통 및 운송 개선, 공급망 복원은 물론 디지털 인프라도 강화할 수 있게 됐다.

고무적인 소식이 하나 더 있는데, 미국과 몇몇 G7 국가가 이듬해 인도 뉴델리 G20 정상회의에서 인도, 사우디아라비아, 아랍에미리트와의 협력으로 인도와 걸프 지역에서 요르단과 이스라엘을 거쳐 지중해 건너 유럽까지 연결하는 '인도-중동-유럽 경제 회랑(IMEC)'을 건설하고 여기에 항만, 철도, 청정 에너지 및 디지털 인프라를 구축하겠다고 발표했다. 아울러 미국과 EU는 콩고민주공화국과 잠비아를 앙골라 로비토(Lobito) 항구와 연결하는 운송 및 청정 에너지 인프라를 만들어 핵심 광물 무역을 발전시키겠다는 계획을 공표하기도 했다.[17]

이런 계획들은 중국의 '일대일로'처럼 중앙집권적인 추진력은 다소 부족하겠지만, 미국의 '국제개발금융공사(IDFC)'와 EU의 '글로벌게이트웨이(Global Gateway)'로부터 지원되는 혼합 자금이 반부정부패, 환경적 지속성, 여성 포용성 등의 측면에서 공통의 모범적인 기준에 따라 작동할 수 있도록 보장할 것이다. 여러 요구 사항을 충족하다 보면 프로젝트 계획의 현실화 속도가 지연될 수 있다는 단점도 있으나 경제적·전략적 시급성을 고려해 충분히 혁신적이고 신속하게 운용할 수 있을 것이다.

물리적 인프라는 글로벌 사우스 국가들의 미래에 이바지할 테고, 디지털 인프라는 탄소 집약적인 현대 경제를 뛰어넘는 근간이 될 것이다. PGII가 이 부분에 집중해서 투자 방향을 정한 것은 당연하고 옳은 일이다. 그렇지만 글로벌 사우스와 협력해야 할 또 다른 분야가 있다. 다름 아닌 글로벌 인터넷 거버넌스를 이들 국가에 적용하는 문제다. 중국 기업들이 글로벌 사우스의 디지털 인프라에 투자하고 있는 이른바 '디지털 실크로드'는 경제 현대화에 필요한 첨단 기술을 상대적으로 저렴하게 제공하지만, 이런 기술이 온라인에서의 표현과 공유의 자유를 옥죄는 디지털 감시로 이어져 권위주의 정부, 많은 경우 실패했던 정부를 재현하는 데 악용된다면 역효과를 낳을 수밖에 없다. 그래서 글로벌 인터넷 거버넌스 적용이 매우 중요하다.

아직은 열린 인터넷을 옹호하는 나라들이 우위를 점하고 있다. 글로벌 인터넷 거버넌스에서 국가의 역할을 강화하고 싶은 정부는 중국처럼 자국 시민이 해외 인터넷 웹사이트에 접속하지 못하도록 '만리방화벽'을 구축하고 감시 인력을 배치해야 한다. 이렇게 인터넷 네트워크를 분리하면 감시 체계는 잘 유지될지 몰라도, 시민들의 연결성과 집단 지성 그리고 기업들의 국제 경쟁력과 혁신에 큰 대가를 치를 수 있다.

그렇다고 해서 글로벌 사우스 국가들의 지속 가능한 발전을 돕기 위한 G9의 모든 계획이 중국을 상대로 또는 중국을 배제하고 진행될 까닭은 없다. 중국과의 협력은 때때로 전 세계가 지속 가능한 발전 목표를 향해 나아가는 데 도움이 될 수 있다(거듭 강조하지만 절대로 중국을 노골적으로 적대시해선 안 된다). 중국 주도로 출범한 '아시아인프라투자은행(이하 AIIB)'은 이후 미국 주도의 세계은행과 60개 프로젝트에 자금을 공동 지원했다.[18] 통화 문제가 신냉전 시대 지정학적 경쟁으로 심화했지만, 2023년 6월 AIIB는 자본 잉여금을 활용해 세계은행의 국가 지원 대출에 10억 달러의 보증을 서기도 했다.[19] 이를 통해 세계은행은 신규 대출을 제공했고, AIIB는 저소득국에 대출 지원을 확대했다.

탄소 추출과 포집 및 활용 그리고 다른 녹색 기술과 관련한 중국과의 공동 연구와 투자는 기후 변화에 대응하는 데 대규모 돌파구를 마련할 수 있다. 이런 협력이 일테면 첨단 반도체 공정에 필수적인 극자외선 노광 장비처럼 엄청난 안보 대상이 될 필요는 없다. 바이든 행정부도 기후 변화에 대처하고 지구 환경을 개선하려면 중국과의 협력이 매우 중요하다고 공개적으로 표명해왔다. 하지만 중국 관점에서는 미국이 자국과 녹색 솔루션을 실질적으로 공동 개발하지 않는 이상 그와 같은 협력 발언을 그저 지정학적 긴장 완화를 위한 외교적 수사로만 여길 것이다.

다자 간 협력을 바라보는 중국의 양면성을 통제하기란 사실상 불가능하지만, 그것을 기회 삼아 자유민주주의 진영이 글로벌 사우스 국가들과 깊고 생산적인 관계를 맺을 수 있다. 중국이 인도가 의장국이던 2023년 G20 정상회의에 불참함에 따라 그동안 일반적으로 미국의 지배력과 민주주의 통치 체제를 강압적이라고 느껴온 일부 글로벌 사우스 국가들에 다가설 새로운 기회가 열리기도 했다.

기회를 결과로 바꾸려면 G9 국가들이 힘을 모아 G20을 글로벌 거버넌스의 합의를 이뤄내는 최고 국제 의결기구로 격상시켜야 한다. 이는 인도가 G20 의장국이던 때처럼, 미국과 유럽을 중심으로 중국이나 러시아에 지정학적 점수를 매기는 기존 G20이 아닌 브라질, 멕시코, 인도, 인도네시아 같은 글로벌 사우스 국가들이 선호하는 더 광범위한 글로벌 의제를 중시하는 G20이 돼야 한다는 의미다. 그 의제는 경제와 금융 문제를 넘어 기후 변화 대응과 식량 안보까지 포함한다. AI에 관한 글로벌 거버넌스 수립도 이런 의제에 부합하는 추가 논의 사안이 될 것이다.

여기서 중요한 핵심은 G20의 모든 의제를 모든 자유민주주의 정부가 지지해야 하고, G20에서 논의되는 과정이 처음부터 끝까지 다중 이해관계 접근 방식에 적합해야 한다는 점이다. 신냉전에서 양측 진영 사이의 가장 큰 차이점은 비영리 단체, 노동조합, 기업협회, 여성 리더십 그룹, 민간 자선단체, 싱크탱크, 학술기관 등 시민 사회의 역할을 바라보는 관점에 있다. 이 같은 조직 구성을 불허하거나 통제하는 중국과 러시아와 달리 G20 체제에서는 정책 실무 그룹이 예컨대 T20(싱크탱크 그룹), L20(노동조합 그룹), N20(비영리 단체 그룹), W20(여성 리더십 그룹) 같은 다중(다자 간) 이해관계 의견을 종합하고 조율한다. 물론 각 그룹의 영향력은 의장국 정부의 성격과 개방성 정도에 따라 다르겠지만, 적어도 새로운 의제를 논의에 부칠 수 있고 공통분모에 해당하는 결론에 대해서도 균형추 구실을 할 수 있다.

신냉전의 적대적 대립 상황으로 유엔의 다자 간 협력 기능이 부실해진 가운데 시민 사회와 민간 기업 대표들도 주지사나 시장 등 준국가 조직 리더들과 함께 각국 정부와 협력해서 글로벌 정책 우선순위를 설계하고 실행하는 데 동참하고 있다. 그렇기에 G20은 지경학적으로 포용적일 뿐 아니라 더 많은 국가가 지정학적 포용과 다원주의 혜택을 누리도록 권위주의 독재 진영에 맞서 싸울 유일한 국제 의결기구라는 점에서 더욱 중요하다.

시작은 언제나 끝을 향해 나아간다

신냉전은 이제 본격적으로 전개될 것이다. 그리고 늘 그렇듯이 시작은 언제나 끝을 향해 나아간다. 미국이나 중국 모두 상대가 자국의 생존까지는 아니더라도 자국의 안보에 위협이 된다고 확신하므로 '냉전'이다. 그 밑바탕에는 여전히 이데올로기가 있다. 권위주의 일당 독재 통치 체제의 우월성을 믿고 이를 지키기 위해서라면 극단적인 수단도 마다하지 않는 중국과, 여러 결함에도 불구하고 자유민주주의 통치 체제가 지속 가능한 발전과 세계 평화를 위한 유일한 길이라고 믿는 미국을 선두로 양쪽 진영이 대립하고 있다. 지정학과 지경학적 요인도 있다. 중국공산당 지도부는 미국은 절대로 중국이 아시아-태평양 지역의 지배적 강대국이 되기를 바라지 않기 때문에 자신들이 기술을 따라잡지 못하도록 할 수 있는 모든 것을 다 하리라고 일찌감치 판단했다.

이런 의미에서 미국과 중국의 대립은 1938년~1940년 일본의 우려를 떠올리게 한다. 당시 일본 정부는 미국이 섬나라의 석유 수입을 비롯한 경제적 의존도를 이용해 아시아-태평양 지역의 지배자가 되려 한다고 믿었다. 그래서 하와이 진주만의 미국 해군 기지를 선제공격해 태평양 전쟁을 촉발했다. 물론 현재 중국의 반응은 미국의 기술 봉쇄를 '카수스 벨리(Casus Belli, 전쟁 명분 또는 개전 이유를 뜻하는 라틴어 법률 용어_옮긴이)'로 여기는 게 아니라, 미국과 동맹국들에 대한 중국의 기술 의존도를 낮추고 우방국들을 계속 늘려나가려는 것이다. 그러나 우리는 이것이 미국과 중국 간 안보 딜레마의 시작에 불과할 뿐이며, 상호 의심과 지정학적·지경학적 경쟁이 더욱 심화하리라는 사실을 잘 알고 있다.

전례 없던 수준의 세계 무역이 제국주의 독일의 부상과 점점 더 과격해진 대영제국의 몽유병을 막지 못했던 1914년 발칸반도의 메아리도 있다. 미소 양국 사이에 군비 통제 협정도 없었고 긴급 직통 회선도 없어서 1962년 결국 쿠바 미사일 위기로 이어진 지난 냉전의 첫 10년도 생각난다. 마지막 벼랑 끝에서 서로 물러나긴 했어도 정말이지 아슬아슬한 상황이었다. 비록 그때와 사정이 다르다고는 해도 오늘날 대만의 미래를 둘러싼 갈등이 제1차 대전을 촉발한 1914년의 발칸반도나 상호 공멸의 핵전쟁 일보 직전까지 치달았던 1962년의 쿠바처럼 될지는 아무도 알 수 없다.

　따라서 지금의 신냉전에도 구냉전 초기 세계 패권을 두고 중추적인 위험이 시작될 때와 똑같은 두 가지 질문을 던질 수 있다. 전쟁을 피할 수 있을까? 어떤 국가 어떤 이데올로기가 세기를 지배할까? 이 질문에 대한 답은 구냉전과 신냉전의 차이를 이해하는 데 달렸다. 먼저 전쟁 측면을 살펴보면, 앞에서 설명했듯이 우려할 부분도 있고 낙관할 부분도 있다. 미국은 점점 더 글로벌 리더에 어울리지 않는 모습을 보여주는 데 반해 중국은 글로벌 영향력을 강화하면서 역내 불안감을 보완하고자 권위주의 국가 진영의 새로운 축을 형성하고 있다는 점은 우려스러운 부분이다. 그래도 몇 가지 차이점은 낙관론에 중요한 시사점을 보여준다. 미국의 양쪽 글로벌 동맹, 즉 태평양 동맹과 대서양 동맹에 연결 고리가 생기면서 날개를 양쪽으로 달 수 있게 됐다. 이는 자유민주주의 진영이 신냉전에서도 다시금 우위를 점할 수 있음을 의미한다. 그리고 한편으로 미국과 중국은 지난 냉전 시기 미국과 소련의 관계에서는 찾아볼 수 없었던 방식으로 훨씬 더 상호 의존적인 경제 관계를 맺고 있다. 신냉전은 구냉전과 다르게 양측 모두 갈등을 피하고 서로 타협해야 한다고 압박한다. 케빈 러드(Kevin Rudd) 전 호주 총리가 피할 수 없는 전쟁으로 치닫는 게 아닌 "관리되는 전략적 경쟁"이 가능하다고 말한 까닭도 이 때문이다.[1]

　긍정적인 차이점이 하나 더 있는데, 신냉전이 구냉전 때보다 훨

썬 더 힘이 분산돼 있다는 것이다. 미국, 중국, 러시아 그 어느 국가도 더는 단독으로 세계 지형을 지배하지 못한다. 분리된 진영은 구냉전 시기와 유사하지만, 글로벌 사우스 국가들의 부상으로 이들 없이 주도권을 강화하기란 거의 불가능한 일이 됐다. 양측 진영이 철저히 실리를 추구하는 글로벌 사우스 국가들의 지지를 구하고 이들의 우려를 심각하게 수용할 수밖에 없다는 사실은 우리 세계가 양극적 대립에 빠져들 가능성이 적다는 의미다. 삼각 관계 속에서 쌍방 경쟁 강도를 약화하는 대신 공통의 글로벌 협력의 길을 찾아야 할 압박이 존재한다는 뜻이기도 하다.

세기의 승자가 어느 쪽이 될 것이냐의 문제는 누가 글로벌 사우스의 마음을 얻느냐에 달렸다. 이 부분은 중국이 먼저 간파한 것 같다. 시진핑은 다른 민주주의 진영 지도자들보다 일찍 이 점을 이해하고 발 빠르게 아프리카, 중앙아시아, 중남미에 새로운 차원의 투자를 추진해 외교적 연계를 강화했다. 그렇지만 글로벌 사우스 전략을 브릭스 확대에 접목하려고 시도한 것은 심각한 실수였다. 이 그룹은 회원국들 사이의 정치적 전망과 외교 정책 우선순위가 매우 다양하고 공유 가치가 부족하다는 구조적 결함을 지니고 있다.

이와 대조적으로 G9은 이해관계가 가끔 다르더라도 상호 안보를 지원하겠다는 명시적 약속과 가치로 응집해 있다. 이들 국가의 집단적 단합은 브릭스 그룹과는 비교할 수 없을 만큼 강력하다. 긴밀한 협력 속에 시장, 기술, 금융, 사업 전문성을 고루 갖춘 G9은 글로벌 사우스 국가들의 경제적 가치 사슬을 끌어올릴 수 있다. 나아가 글로벌 사우스를 더 동등하게 대우하고 대등한 동반자로서 서로 협력한다면 이들의 정부, 시민, 기업 모두에 개방적·민주적 모델의 매력을 확실히 각인할 수 있을 것이다.

그렇더라도 이 낙관적인 미래는 미국 국내 정치 향방이라는 중대한 미지의 영역에 인질로 남아 있다. 2024년 11월 대통령 선거는 미국 국가 정체성의 본질과 세계에서의 역할 사이의 균열이 어느 정도인지 드러내는 또 한 번의 계기가 될 것이다. 결과에 따라 동맹 관계에도 변화가 일 것이며, 기후 변화와 녹색 전환 같은 글로벌 의제도 영향을 받을 것이다. 현재로서는 미국이 자국 중심의 편협한 이익을 외교 정책의 최우선 가치로 삼는 고립된 전망으로 돌아갈 확률이 높다. 대선 예비선거를 앞두고 도널드 트럼프는 2025년 백악관을 탈환할 경우 반드시 '응징(retribution)'이 있으리라고 확언했다.[2]

하지만 트럼프 대통령 재집권 위험은 대서양-태평양 동맹국들이 서로 더 유대를 강화하고 글로벌 사우스와 더 긴밀한 관계를 맺는 일을 더욱 중요하게 만들 뿐이다. 이 사실은 절대로 달라지지 않는다. 만약 미국이 한쪽으로 치우쳐버린다면 누군가 자유민주주의의 수호자로서 글로벌 동맹의 지휘봉을 잡아야 하며, 그 시간이 오래가지 않기를 바라야 한다.

주

들어가며: 끝나지 않은 욕망의 시대

1. Gazette Staff, "Balloon spotted over Billings being investigated as Chinese spying airship", *Billings Gazette*(4 February 2023).

2. Chen Qingqing, Liu Xuanzun, "China expresses dissatisfaction and protest over US shooting down civilian airship; US sets bad precedent", *Global Times*(5 February 2023).

3. Nancy A. Youssef, "Chinese Balloon used US Tech to Spy on Americans", *Wall Street Journal*(29 June 2023). 다음 칼럼도 참조할 것. Phil Stewart, Mike Stone, "US military comes to grips with over-reliance on Chinese imports", *Reuters*(2 October 2018).

4. Robert Jervis, "Cooperation under the Security Dilemma", *World Politics* 30(January 1978), pp. 167-214. '안보 딜레마' 개념은 다음 책에서 유래했다. John Herz, *Political Realism and Political Idealism*(University of Chicago Press, 1951).

5. "U.S. four-star general warns of war with China in 2025", *Reuters*(28 January 2023). 다음 칼럼도 참조할 것. Jesse Johnson, "Former U.S. Indo-Pacific Commander underscores threat to Taiwan's outlying islands", *Japan Times*(25 January 2023).

6. Graham Allison, "Thucydides's trap has been sprung in the Pacific", *Financial Times*(21 August 2012). 그레이엄 앨리슨이 쓴 다음 책도 참조할 것. *Destined for War: Can the United States and China Escape the Thucydides Trap?*(Houghton Mifflin Harcourt, 2017).

7. 헨리 키신저(Henry Kissinger)는 2019년 '블룸버그 신경제 포럼(Bloomberg New Economy Forum)'에서 니얼 퍼거슨(Niall Ferguson)과 인터뷰할 때 "우리는 아직도 냉전의 산기슭에 서 있다"고 말한 것으로 유명하다. "Kissinger Says U.S. and China in 'Foothills of a Cold War'", *Bloomberg News*(21 November 2019). 콘돌리자 라이스(Condoleezza Rice) 전 미국 국무부 장관도 니얼 퍼거슨과 미소 및 미중 관계

의 차이점을 논의한 바 있다. "The World Ahead: The United States in 2024", *The Economist*(13 November 2023). 1990년 이후 연쇄적으로 나타난 신냉전의 징후에 관해서는 다음 책을 참조할 것. Gilbert Achcar, *The New Cold War: The US, China and Russia from Kosovo to Ukraine*(Saqi Books, 2023).

8. "Joint Statement of the Russian Federation and the People's Republic of China on the International Relations Entering a New Era and the Global Sustainable Development", *Russian Ministry of Foreign Affairs*(4 February 2022).

9. "For AUKUS Agreement: Devil is in the Details", *National Defense Magazine*(14 March 2023).

10. "Full text of Xi Jinping's speech at first session of the 14th NPC", *Xinhua*(14 March 2023). Eryk Bagshaw, "Xi urges officials to 'fight', accuses US of 'encircling' China", *Sydney Morning Herald*(7 March 2023).

제1장: 중국은 소련이 아니다

1. Zbigniew Brzezinski, *Gameplan: A Geo-Strategic Framework for the Conduct of the U.S.-Soviet Contest*(Atlantic Monthly Press, 1986).

2. 다음 보고서에서 요약. Angus Maddison, *The World Economy*(OECD, 2006), p. 185.

3. 소련은 1990년 전 세계 GDP의 10%를 차지한 데 반해 러시아는 2012년 기준 3%에 그쳤다. 다음 자료를 참조할 것. Nicolas Veron, "Putin's Russia may echo the Soviet bloc, but it is far smaller", *PIIE*(7 April 2022).

4. "GDP per capita 1960-3", *Macrotrends*(자료 출처: World Bank).

5. China Power Project, "Is China Succeeding at Eradicating Poverty?" *Center for Strategic and International Studies*.

6. Katharina Buchholz, "Which countries' students are getting most involved in STEM?", *World Economic Forum*(20 March 2023).

7. Daitian Li, Tony W. Tong, Yangao Xiao, "Is China Emerging as the Global Leader in AI?", *Harvard Business Review*(18 February 2021).

8. "China's Population is Shrinking", *The Economist*(17 January 2023).

9. Yihan Ma, "Percentage of savings among young people in China", *Statista*(26 August 2022).

10. Mandy Zuo, "Lying Flat is no more", *South China Morning Post*(4 October 2022).

11. "Full text of Xi Jinping's speech at the first session of the 14th NPC"(13 March 2023). 다음 웹사이트에서 전문을 내려받을 수 있다. http://eng.chinamil.com.cn/CHINA_209163/TopStories_209189/16209360.html

12. Zheng Wang, *Never Forget National Humiliation: Historical Memory in Chinese Politics and Foreign Relations*(Columbia University Press, 2012).

13. "Full text of Xi Jinping's speech at the first session of the 14th NPC".

14. Office of the Secretary of Defense, *Military and Security Developments Involving the People's Republic of China 2022*(US Department of Defense), p. VIII.

15. Demetri Sevastopulo, Kathrin Hille, "China tests new space capability with hypersonic missile", *Financial Times*(16 October 2021).

16. Fei Su, Xiao Liang, "Ten-Year Review of China's Defense Budget: Steadily towards Modernization", *South Asian Voices, Stimson Center*(8 June 2023).

17. China Power Project, "How is China's Energy Footprint Changing?", *Center for Strategic and International Studies*(https://chinapower.csis.org/energy-footprint).

18. James McBride, Noah Berman, Noah Chatzky, "China's massive Belt and Road Initiative", *Council on Foreign Relations*(2 February 2023).

19. Adam Gallagher, Sarhang Hamasaeed, Garrett Nada, "What you Need to Know

about China's Saudi-ran Deal", *United States Institute of Peace*(16 March 2023).

20.   Vincent Brussee, "China's Social Credit Score: Untangling Myth from Reality", *MERICS*(11 February 2022).

21.   Lee Jones, Shahar Ameriri, "Debunking the Myth of Debt Trap Diplomacy", *Chatham House Research Paper*(August 2020). "'Jewel in the Crown': The Troubles of Kenya's China-Funded Train", *New York Times*(7 August 2022).

제2장: 패권을 위협하는 중국의 부상

1.   "GDP(current US$)", *The World Bank*(https://data.worldbank.org).

2.   2020년 미국 달러 기준이다. James N. Miller, Michael O'Hanlon, "Focusing on quality over quantity in the US military budget", *Brookings Institution Report*(2 December 2019).

3.   "The immigrant population in the US is increasing again", *NPR*(14 September 2023).

4.   다음 책이 좋은 예다. Paul Kennedy, *The Rise and Fall of the Great Powers: Economic Change and Military Conflict from 1500 to 2000*(Random House USA, 1987).

5.   IMF가 공개한 다음 자료를 참조할 것. IMF는 전 세계 GDP 현황을 매년 상세히 분석해 공개한다. "Datamapper", *International Monetary Fund 2023*(https://www.imf.org/external/datamapper/NGDP_RPCH@WEO/OEMDC/ADVEC/WEOWORLD).

6.   Philip Inman, "China becomes world's largest exporter", *Guardian*(10 January 2010).

7.   International Energy Agency Report, *Energy Technology Perspectives 2023* 중 "Clean Energy Supply Chains Vulnerabilities".

8.   "ASEAN Key Figures 2021", ASEAN Secretariat.

9.   "ASEAN Investment Report 2022", UNCTAD.

10. Mark A. Green, "China is the Top Trading Partner to More Than 120 Countries", *Wilson Center*(17 January 2023).

11. Mohamed Al-Sudairi, Steven Jiawei Hai, Kameal Alahmad, "How Saudi Arabia Bent China to its Techno-Scientific Ambitions", *Carnegie Endowment for International Peace Paper*(1 August 2023).

12. White House, *National Security Strategy*(October 2022).

13. Aaron L. Friedberg, *Getting China Wrong*(Wiley, 2022).

14. Robert B. Zoellick, "Whither China? From Membership to Responsibility", *Remarks to National Committee on US-China Relations*(21 September 2005).

15. "China Exports by Country", *Trading Economics*(https://tradingeconomics.com/china/exports-by-country).

16. Brad W. Setser, "China Isn't Shifting Away from the Dollar or Dollar Bonds", *Council of Foreign Relations*(3 October 2023).

17. Min-hua Chang, "China More Dependent on US and Our Technology Than You Might Think", *Heritage Foundation*(7 July 2022).

18. *US Exports to China: Goods and Services Exports to China and the Jobs They Support*(US-China Business Council, 2023).

19. Cheng Li, "China's Growing Prominence in the Aviation Market and the 'Space Club'", *China-US Focus, The Reshuffling Report*(5 August 2022). "China Country Guide-Aviation", *International Trade Administration*(US Department of Commerce, 7 April 2023).

20. Steve Holland, Dona Chiacu, "US and allies accuse China of global hacking spree", *Reuters*(20 July 2021).

21. Thilo Hanemann, Mark Witzke, Charlie Vest, Lauren Dudley, Ryan Featherston, "An Outbound Investment Screening Regime for the United States?", *The Rhodium*

Group(January 2022).

22. "Trends in World Military Expenditure, 2022", *SIPRI Fact Sheet*(April 2023).

23. Sun Yu-ching, William Hetherington, "China is Upgrading Missiles Targeting Taiwan", *Taipei Times*(25 July 2023).

24. Tom Wright, Bradley Hope, "China Offered to Bail Out Troubled Malaysian Fund in Return for Deals", *Wall Street Journal*(7 January 2019).

25. 미국과 중국의 명망 있는 안보 분석가 중 일부는 지난 수십 년 동안 미중 간 역학 관계 변화에 주목해왔다. 다음 책을 참조할 것. Evan S. Medeiros(편저), *Cold Rivals: The New Era of US-China Strategic Competition*(Georgetown University Press, 2023).

26. Alex W. Palmer, "'An Act of War': Inside America's Silicon Blockage Against China", *New York Times*(12 July 2023).

27. Alicia Garcia-Herrero, "What is behind China's Dual Circulation Strategy?", *China Leadership Monitor*(1 September 2021).

28. Brad. W. Setser, "How to Hide Your Foreign Exchange Reserves: A User's Guide", *Council of Foreign Relations*(29 June 2023).

29. "China's currency rises in cross-border trade but remains limited globally", *Goldman Sachs Intelligence*(26 July 2023).

제3장: 미국이 전부는 아니다

1. Ishaan Tharoor, "Biden's foreign policy aims to 'win the 21st century'", *Washington Post*(28 April 2021).

2. G. John Ikenberry, "The end of liberal international order?", *International Affairs*, Vol. 94, No. 1(January 2018).

3. 이와 관련해서는 다음 분석 자료를 참조할 것. Laura Silver, Shannon Schumacher, Mara Mordecai, Shannon Greenwood, Michael Keegan, "In U.S. and UK, Globalization Leaves Some Feeling 'Left Behind' or 'Swept Up'", *Pew Research Center*(5 October 2020).

4. Richard V. Reeves, Katherine Guyot, "Fewer Americans are making more than their parents did-especially if they grew up in the middle class", *Brookings Commentary*(25 July 2018).

5. Juliana Menasce Horowitz, Ruth Igielnik, Rakesh Kochhar, "Trends in Income and Wealth Inequality", *Pew Research Center*(9 January 2020).

6. Drew Desilver, "The polarization in today's politics has roots that go back decades", *Pew Research Center*(10 March 2022).

7. Doug Palmer, "America's trade gap soared under Trump, final figures show", *Politico*(5 February 2021).

8. Jake Sullivan, "Renewing American Economic Leadership", *Brookings Institution*(27 April 2023).

9. "Chart Book: Tracking the Recovery from the Pandemic Recession", *Center on Budget and Policy Priorities*(12 October 2023).

10. "What's Behind Shocking US Life Expectancy Decline-And What To Do About It", *Harvard T. H. Chan School of Public Health*(13 April 2023). "The Employment Situation: September 2023", US Department of Labor(6 October 2023). Ryan McMaken, "Why do Americans Have Such High Incomes and Such Low Savings?", *Mises Wire*(26 August 2016).

11. Aaron Blake, Michael Birnbaum, "Trump says he threatened not to defend NATO against Russia", *Washington Post*(22 April 2022).

12. Michael Stott, "US reluctance on trade deals sends Latin America towards China", *Financial Times*(24 May 2023).

13. Aidan Arasingham, Emily Benson, "The IPEF gains momentum but lacks market access", *East Asia Forum*(30 June 2022).

제4장: 러시아의 새로운 야망

1. "Memory and Pride", *Levada Center*(5 November 2020).

2. 유엔 통계위원회, IMF, 세계은행의 비교 데이터를 살펴보려면 다음 웹사이트 링크를 참조할 것. https://en.wikipedia.org/wiki/List_of_countries_by_largest_historical_GDP.

3. Moira Fagan, Jacob Poushter, Sneha Gubbala, "Overall opinion of Russia", *Pew Research Center*(10 July 2023).

4. Emmanuel Macron, "Closing Speech at the GlobSec Summit, Bratislava"(31 May 2023). Joseph de Weck, "Why Macron is Now Embracing NATO and EU Enlargement", *Internationale Politik Quarterly*(29 June 2023).

5. Julian Borger, "Barack Obama: Russia is a regional power showing weakness over Ukraine", *Guardian*(25 March 2014).

6. "Grand Jury Indicts Thirteen Russian Individuals and Three Russian Companies for Scheme to Interfere in the US Political System", US Department of Justice, Office of Public Affairs(16 February 2018).

7. "The European Deterrence Initiative: A Budgetary Overview", *Congressional Research Service*(1 July 2021).

8. Ian Garner, *Generation Z: Into the Heart of Russia's Fascist Youth*(Hurst, 2023).

9. Sankalp Gurjar, "Russia-China-South Africa Naval Exercises and Indian Ocean Geopolitics", *Geopolitical Monitor*(28 February 2023.)

10. "Chinese arms could revive Russia's failing war", *The Economist*(2 March 2023).

11. China-Russia trade hits 218 bln in Jan-Nov, completing goal planned to achieve in 2024", *Reuters*(7 December 2023).

12. Gleb Stolyarov, Alexander Marrow, "Made in Russia? Chinese Cars Drive a Revival of Russia's Auto Factories", *Reuters*(20 July 2023).

13. Ailing Tan, "China's Russia Energy Imports Balloon to $88 billion since War", *Bloomberg*(21 March 2023).

14. Paul Goble, "China Helping Russia on Northern Sea Route but Ready to Push Moscow Aside Later", *Eurasia Daily Monitor*(The Jamestown Foundation, 6 May 2021).

제5장: 신냉전의 이데올로기

1. 시진핑 집권을 둘러싼 이데올로기적 논쟁은 다음 칼럼을 참조할 것. Rana Mitter, "China: Cold War or Hot Peace?", *The Critic*(June 2021).

2. Charlotte Gao, "The CCP Vows to 'Lead Everything' Once Again", *The Diplomat*, 28 October 2017.

3. 시진핑 사상의 공식 명칭은 '새 시대를 위한 중국 고유 사회주의에 관한 시진핑 사상'으로 알려져 있다. 더 자세한 내용은 다음 책을 참조할 것. Kevin Rudd, *The Avoidable War: The Dangers of a Catastrophic Conflict between the US and Xi Jinping's China*(Public Affairs, 2022), pp. 56-58, pp. 88-89.

4. "China Spends More on Controlling its 1.4 Billion People than on Defence", *Nikkei Asia*(29 August 2022).

5. *Russia-China Joint Statement*(4 February 2022).

6.   Larry Diamond, "A Report Card on Democracy", *Hoover Institution*(30 July 2000).

7.   Alex Vines, Creon Butler, Yu Jie, "The Response to Debt Distress in Africa and the Role of China", *Chatham House*(15 December 2022).

8.   다음 책에 이 부분이 잘 드러나 있다. Kerry Brown, *Xi: A Study in Power*(Icon, 2022), p. 120.

9.   Emma Graham-Harrison, "Women pushed even further from power in Xi Jinping's China", *Guardian*(23 October 2022).

10. "The Russian Orthodox Leader at the Heart of Putin's Ambitions", *New York Times*(22 May 2022).

11. Yana Gorokhovoskaia, Adrian Shahbaz, Amy Slipowitz, "Freedom in the World 2023: Marking 50 Years in the Struggle for Democracy", *Freedom House*(March 2023).

제6장: 재편되는 대서양 동맹

1.   "European Union's Arms Embargo on China: Implications and Options for US Policy", *US Congressional Research Service Report*(26 January 2006).

2.   Thilo Hanemann, Mikko Huotari, "A New Record Year for Chinese Outbound Investment in Europe", *MERICS and Rhodium Group Report*(February 2016).

3.   "Europe was the main destination for US LNG exports in 2022", *US Energy Information Administration*(22 March 2023).

4.   Paul McLeary, Suzanne Lynch, "The US Wants Europe to Buy American Weapons: The EU Has Other Ideas", *Politico*(14 June 2023).

5.   Jana Puglierin, Pawel Zerka, "Keeping America close, Russia down, and China far away: How Europeans navigate a competitive world", *European Council on Foreign*

Relations(7 June 2023).

6. Emily Rauhala, "Macron's Taiwan Comments Anger Allies, Delight Beijing", *Washington Post*(11 April 2023).

7. Sylvie Bermann, Elvire Fabry, "Building Europe's Strategic Autonomy vis-à-vis China", *Jacques Delors Institute Working Group Report*(December 2021).

8. *EU-China: A Strategic Outlook*, European Commission(12 March 2019).

9. *Business Confidence Survey 2023*, The European Union Chamber of Commerce in China.

10. Andy Bounds, Sam Fleming, "EU trade chief to push China on barriers to exports", *Financial Times*(7 August 2023).

11. Philip Blenkinsop, "EU to investigate 'flood' of Chinese electric cars, weigh tariffs", *Reuters*(13 September 2023).

12. Laura Silver, Christine Huang, Laura Clancy, "China's Approach to Foreign Policy Gets Largely Negative Reviews in 24 Countries", *Pew Research Center*(27 July 2023).

13. "European Council Conclusions on China", *Council of the European Union*(30 June 2023).

14. "6th European Union-African Union Summit : A Joint Vision for 2030", *European External Action Service*(17-18 February 2022).

15. "Keeping America Close, Russia Down, and China Far Away", *European Council on Foreign Relations*(7 June 2023).

16. *NATO 2022 Strategic Concept*, 제13항(29 June 2022).

제7장: 집결하는 대서양-태평양 동맹국들

1. 다음 두 웹사이트 자료를 참조할 것. "South Korean Trade in Figures", *Santander Bank, Trade Markets*(https://santandertrade.com/en/portal/analyse-markets/southkorea/foreign-trade-in-figures?url_de_la_page). World's Top Exports(https://www.worldstopexports.com/south-koreastop-import-partners/?expand_article=1).

2. Kim Young-jin, "Why Ieodo Matters", *Korea Times*(18 September 2012).

3. Darren J. Lim, "Chinese Foreign Economic Coercion during the THAAD Dispute", *Asan Forum*(28 December 2019).

4. *USNI News*(18 July 2023).

5. "China lodges complaint over South Korean president's 'erroneous' Taiwan remarks", *Reuters*(23 April 2023).

6. Christian Davies, "Korea battery materials maker onshores China supply chain to win US subsidies", *Financial Times*(13 August 2023).

7. "The Spirit of Camp David: Joint Statement of Japan, the Republic of Korea, and the United States", White House(18 August 2023).

8. "Are Chinese tourists coming back to Japan?", *SuMi Trust*(10 August 2023).

9. "Japan says Chinese coast guard ships in longest violation of its territorial waters in a decade", *CNN*(26 June 2022).

10. Victor Teo, "Japan's Weapons Transfers to Southeast Asia: Challenges and Opportunities", *ISEAS Yusof Ishak Institute*(25 May 2021).

11. "Remarks by President Biden and Prime Minister Kishida Fumio of Japan", Akasaka, Japan(23 May 2022).

12. Luke Caggiano, "Japan to Purchase US Tomahawk Missiles", *Arms Control Today*(March 2023).

13. Laura He, "Australia's exports to China hit record high as relations thaw", *CNN*(5 May 2023).

14. Hans Hendrischke, "Chinese investment in Australia increases for the first time since 2016", University of Sydney(3 May 2023).

15. Peter Jennings, "Handling of Darwin port lease a fiasco on both sides of politics", *Australian Strategic Policy Institute*(10 May 2022).

16. Mick Ryan, "A New Defense Review for Australia", *CSIS*(27 April 2023).

17. Stephan Haggard, "South Korea, Ukraine, and Russia: The Economic Dimension", *Korea Economic Institute of America*(18 May 2022).

18. Akihiro Iwashita, "Bested by Russia: Abe's Failed Northern Territories Negotiations", *Kennan Cable No. 60, Wilson Center*(November 2020).

19. Russia Sanctions Tracker, *Ashurst Insights*(29 August 2023). 다음 웹사이트 링크에서 최신 자료도 확인할 수 있다. https://www.ashurst.com/en/insights/japan-sanctions.

20. Japan Ministry of Foreign Affairs(11 January 2023).

21. "Special address by US Treasury Secretary Janet L. Yellen", *Atlantic Council*(13 April 2022).

22. Stephen Borowiec, "Japan Lifts Final South Korea Trade Restriction", *Nikkei Asia*(27 June 2023).

제8장: 목소리를 찾아가는 비동맹 세력

1. Nicholas Lees, "The Brandt Line After Forty Years", *Review of International Studies*(18 November 2020).

2. "How India could rise to the world's second biggest economy", *Goldman Sachs*(6 July

2023).

3. "The South-South Trade Partnership", *UN Conference on Trade and Development, Trade Forum 2023*(8 May 2023).

4. Henry Foy, David Sheppard, "EU urged to crack down on imports of Indian fuels made with Russian oil", *Financial Times*(16 May 2023).

5. Pieter D. Wezeman, Justine Gadon, Siemon T. Wezeman, "Trends in International Arms Transfers, 2022", *Stockholm International Peace Institute*(March 2023).

6. Dominique Fraser, "The Quad: A Backgrounder", *Asia Society Policy Institute*(16 May 2023).

7. "Joint Statement from the US and India", *White House Briefing Room*(22 June 2023).

8. Mohammed Al Sudairi, Steven Jiawei Hai, Kameal Alahmad, "How Saudi Arabia Bent China to its Technoscientific Ambitions", *Carnegie Endowment for International Peace*(1 August 2023).

9. Oliver Stuenkel, "Lula's Foreign Policy: Normalisation and Friction", *Real Instituto Elcano*(22 June 2023).

10. "India has more than 800 million internet users", *Indian Express*(12 December 2022).

11. Rachmi Hertante, "Between a mineral and a hard place: Indonesia's export ban on raw minerals", *Transnational Institute*(15 June 2023).

12. Steve Banker, "Apple's Reliance on China Poses a Problem for the Company", *Forbes*(19 June 2023).

제9장: 더 어려워지는 기후 변화 대응

1. Rebecca Lindsey, "Climate change: Atmospheric Carbon Dioxide", *National Oceanic*

and Atmospheric Administration(12 May 2023).

2. Gustaf Ekholm, "On the Variations of the Climate, of the Geological and Historical Past and their Causes", *Quarterly Journal of the Royal Meteorological Society*(1901).

3. *Climate Change 2023: Synthesis Report,* UN Environment Programme(20 March 2023).

4. 지구가 어떻게 '생태적 한계' 상황까지 다다르게 됐는지 알고 싶다면 다음 책을 참조할 것. Peter Frankopan, *The Earth Transformed: An Untold History*(Bloomsbury, 2023), pp. 624-634.

5. 기후 정의에 관해서는 다음 설명을 참조할 것. "Principles of Climate Justice", Mary Robinson Foundation(www.mrfcj.org).

6. Zack Colman, "Kerry's trip to China yields no breakthrough on climate," *Politico*(19 July 2023).

7. 다음 공개 자료를 참조할 것. "GHG Emissions of All World Countries", *Joint Research Centre, European Commission*(2023). Leandro Vigna, Johannes Friedrich, "9 Charts Explain Per Capita Green House Gas Emissions By Country", *World Resources Institute*(8 May 2023).

8. Jennifer Scott, "Rishi Sunak stands by oil drilling expansion as critics warn of climate consequences", *Sky News*(1 August 2023).

9. Karl Mathiesen, "China's Xi slams EU carbon border levy plans", *Politico*(16 April 2021).

10. Federica di Sario, Giorgia Leali, "Europe takes climate fight global as carbon border tax goes live", *Politico*(1 October 2023).

11. OECD 사무총장 마티아스 콜먼(Mathias Cormann)의 발표 내용을 참조할 것. "Climate Finance Provided and Mobilised by Developed Countries in 2013-21"(OECD, 2023).

12. "Ukraine Support Tracker", University of Kiel(https://www.ifw-kiel.de/topics/war-

against-ukraine/ukraine-support-tracker).

13. 더 자세한 내용을 확인하려면 다음 책을 참조할 것. Peter Frankopan, *The Earth Transformed: An Untold History*, p. 639.

제10장: 다자주의의 종말

1. "IMF Members Quotas and Voting Power", *International Monetary Fund*(최종 접속일: 19 October 2023). https://www.imf.org/en/About/executive-board/members-quotas.

2. *Universal Declaration of Human Rights*(10 December 1948). 다음 웹사이트 링크에서 전문을 내려받을 수 있다. https://www.un.org/sites/un2.un.org/files/2021/03/udhr.pdf.

3. *Universal Declaration of Human Rights*(Illustrated Edition, UN Regional Information Center, Office of the UN Commission for Human Rights—Regional office for Europe(2015) 다음 웹사이트 링크에서 전문을 내려받을 수 있다. https://www.un.org/en/udhrbook/pdf/udhr_booklet_en_web.pdf.

4. "Trump's 2017 UN Speech Transcript", *Politico*(19 September 2017).

5. Carla Freeman, Alex Stephenson, "Xi Ramps Up campaign for a Post-Pax Americana Security Order", *United States Institute of Peace*(4 May 2023).

6. Courtney J. Fung, Shing-Hon Lam, "China already leads four of the UN's specialised agencies, and is aiming for a fifth", *Washington Post*(3 March 2020).

7. Jamey Keaten, "UN Human Rights Council Rejects Western Bid to Debate China's Xinjiang Abuses", *The Diplomat*(6 October 2022).

8. Harriet Moynihan, Champa Patel, "Restrictions on online freedom of expression in

China: The domestic, regional and international implications of China's policies and practices", *Chatham House Research Paper*(17 March 2021).

9. Kataryna Wolczuk, Rilka Dragneva, Jon Wallace, "What is the Eurasian Economic Union?", *Chatham House Explainer*(15 July 2022).

10. *A New Center of Gravity: The regional Comprehensive Economic Partnership and its Trade Effects*(United Nations Conference on Trade and Development 2021).

11. *XV BRICS Summit Johannesburg II Declaration*, 제10항(23 August 2023).

12. "Brics countries launch new development bank in Shanghai", *BBC*(21 July 2015). https://www.bbc.co.uk/news/33605230.

13. Hudson Lockett, Cheng Leng, "Renminbi's share of trade finance doubles since start of Ukraine war", *Financial Times*(11 April 2023).

14. Attracta Mooney, Aime Williams, Edward White, "China accused of using 'wrecking tactic' at climate talks", *Financial Times*(28 July 2023).

제11장: 신냉전 시대의 생존 규칙

1. Frederick Kempe, "When we are together we drive these changes: What Xi and Putin's deepening alliance means for world order", *Atlantic Council*(25 March 2023).

2. Yeuw Lun Tian, Ben Blanchard, "China will never renounce right to use force over Taiwan", *Reuters*(16 October 2022).

3. Ian Williams, "China aims to squeeze life out of Taiwan's chip industry", *The Times*(London, 15 April 2023).

4. Zack Cooper, Hal Brands, "America Will Only Win When China Fails", *Foreign Policy*(11 March 2021). 다음 칼럼도 참조할 것. Michael Mandelbaum, "The New

Containment: Handling Russia, China, Iran", *Foreign Affairs*(March/April 2019).

5. "Trends in World Military Expenditure 2022", *Stockholm Peace Research Institute*(April 2023).

6. "Gross Domestic Spending on R&D", *OECD Data 2023*(https://data.oecd.org/rd/gross-domestic-spending-on-r-d.htm).

7. "World University Rankings 2023", *Times Higher Education*(https://www.timeshighereducation.com/world-universityrankings/2023/world-ranking).

8. "World Intellectual Property Indicators 2022", *World Intellectual Property Organization*(2022).

9. 2018년 이보 달더(Ivo Daalder) 나토 주재 미국 대사와 제임스 린제이(James Lindsay) 미국 외교협회(CFR) 의장이 제안한 G9은 기존 G7에 한국과 호주 그리고 EU를 포함하는 것이었다. 다음 칼럼을 참조할 것. "The Committee to Save the World Order: America's Allies Must Step Up as America Steps Down", *Foreign Affairs*(November/December 2018).

10. Jake Sullivan, "Renewing American Leadership", *Brookings Institution*(27 April 2023).

11. "Remarks by Jake Sullivan at the Special Competitive Strategies Project Global Emerging Technologies Summit"(16 September 2022).

12. Shoichiro Taguchi, "US considering curbing China's cloud access, US official says", *Nikkei Asia*(21 October 2023).

13. Allen Rappeport, "A Rural Michigan Town Is the Latest Battleground in the US-China Fight", *New York Times*(3 October 2023).

14. Madelyn R. Creedon, Jon L. Kyl 외, *America's Strategic Posture: The Final Report of the Commission on the Strategic Posture of the United States*(IDA, October 2023).

15. 이 위험은 런던 킹스칼리지 정치학자 로렌스 프리드먼이 특히 강조했다. 다음 책을 참조할 것. Lawrence Freedman, *The Future of War: A History*(Allen Lane, 2017), pp.

281-282. 더 최근 논의는 다음 칼럼을 참조할 것. Ed Luce, "The world cannot hedge against Donald Trump", *Financial Times*(7 December 2023).

16. Leslie Vinjamuri, "Why Multilateralism Still Matters: The Way to Win Over the Global South", *Foreign Affairs*(2 October 2023).

17. *Fact Sheet: President Biden and Prime Minister Modi Host Leaders on the Global Partnership for Infrastructure and Investment*(9 September 2023).

18. "AIIB President Jin Liqun Meets With World Bank President Nominee Ajay Banga", *AIIB*(22 March 2023).

19. "The AIIB and IBRD to Establish New Guarantee Facility to Address G20 Capital Adequacy Framework Recommendations", *AIIB*(23 June 2023).

나오며: 시작은 언제나 끝을 향해 나아간다

1. Kevin Rudd, *The Avoidable War: The Dangers of a Catastrophic Conflict between the US and Xi Jinping's China*(Public Affairs, 2022), pp. 56-58, pp. 88-89.

2. "Donald Trump's second term would be a protectionist nightmare", *The Economist*(31 October 2023).

감사의 말

2023년 초 우연한 기회로 애틀랜틱북스(Atlantic Books)의 포피 햄슨(Poppy Hampson) 편집장을 소개받은 것이 내가 이 책을 쓰게 된 계기였다. 그때 그녀는 내가 채텀하우스에서 일하는 동안 관찰한 국제 관계의 커다란 변화를 실타래처럼 엮어보자고 설득했다. 냉전이 종식되고 이어진 20년간의 희망과 약속이 지금 우리가 목격하는 지정학적 분열과 광범위한 폭력에 이미 자리를 내준 때였다.

그래도 나는 기본적으로 낙관주의자다. 보이는 광경은 비관적이어도 의지의 낙관론을 믿는다. 본문에서 언급했듯이, 특히 신냉전의 위험에서 글로벌 사우스의 기회로 관점을 전환한다면 잠재적으로 우리 미래에 긍정적일 것들이 꽤 많다.

채텀하우스, CSIS(국제전략문제연구소), 아시아 소사이어티(Asia Society)를 비롯해 일일이 열거하기 어려운 여러 싱크탱크와 학술기관 동료들에게 우선 감사드린다. 혼란스러운 국제 정세를 분석하고 알리고자 불철주야 애쓰는 이들이다. 자신의 비밀스러운 경험과 정보를 흔쾌히 내게 공유해준 정책 실무자들에게도, 이름을 밝힐 수 없어서 아쉽지만, 똑같이 감사 말씀을 드린다. 그리고 무엇보다 이 책을 써보자고 제안해준 포피 편집장과 출판해준 애틀랜틱북스에 고맙고, 초안을 검토하고 조언해준 편집자 해리 오설리번(Harry O'Sullivan)과 원고를 꼼꼼히 고쳐준 교정팀의 존 잉글리시(John English)에게도 감사 인사 전하고 싶다. 물론 내 에이전트 나타샤 페어웨더(Natasha Fairweather)의 지혜와 조언도 빼놓을 수 없다.

마지막으로 이 책을 언제나 나의 지적 도전을 응원해주고 늘 함께해주는 내 삶과 영혼의 동반자인 아내 트리샤 드 보크그레이브(Trisha de Borchgrave)와 사랑하는 우리 멋진 두 딸 마리나(Marina)와 사스키아(Saskia)에게 바친다.

로빈 니블렛의 신냉전

초판 1쇄 2024년 8월 21일

지은이 로빈 니블렛
옮긴이 조민호
펴낸이 허연
편집장 유승현

편집부 서정욱 정혜재 김민보 장아름 이예슬
마케팅 김성현 한동우 구민지
경영지원 김민화 오나리
디자인 김보현 한사랑

펴낸곳 매경출판㈜
등록 2003년 4월 24일(No. 2-3759)
주소 (04557) 서울시 중구 충무로 2(필동1가) 매일경제 별관 2층 매경출판㈜
홈페이지 www.mkpublish.com **스마트스토어** smartstore.naver.com/mkpublish
페이스북 @maekyungpublishing **인스타그램** @mkpublishing
전화 02)2000-2630(기획편집) 02)2000-2646(마케팅) 02)2000-2606(구입 문의)
팩스 02)2000-2609 **이메일** publish@mkpublish.co.kr
ISBN 979-11-6484-704-4(03340)